Descubra Juegos Gratis Online

Disponibles Aquí:

BestActivityBooks.com/FREEGAMES

5 CONSEJOS PARA EMPEZAR

1) CÓMO RESOLVER LAS SOPA DE LETRAS

Los rompecabezas tienen un formato clásico:

- Las palabras se ocultan sin espacios ni guiones,...
- Orientación: Las palabras pueden escribirse hacia delante, hacia atrás, hacia arriba, hacia abajo o en diagonal (pueden estar invertidas).
- Las palabras pueden superponerse o cruzarse.

2) APRENDIZAJE ACTIVO

Junto a cada palabra hay un espacio para anotar la traducción. Para fomentar un aprendizaje activo, un **DICCIONARIO** al final de esta edición te permitirá comprobar y ampliar tus conocimientos. Busca y anota las traducciones, encuéntralas en el puzzle y añádelas a tu vocabulario!

3) MARCAR LAS PALABRAS

Puedes inventar tu propio sistema de marcado. ¿Quizás ya usas uno? También puedes, por ejemplo, marcar las palabras difíciles de encontrar con una cruz, las que te gustan con una estrella, las nuevas con un triángulo, las raras con un diamante, etc.

4) ESTRUCTURAR EL APRENDIZAJE

Esta edición ofrece un **CUADERNO DE NOTAS** muy práctico al final del libro. En vacaciones, de viaje o en casa, podrás organizar fácilmente tus nuevos conocimientos sin necesidad de un segundo cuaderno!

5) ¿HABÉIS TERMINADO TODAS LAS PARRILLAS?

En las últimas páginas de este libro, en la sección **DESAFÍO FINAL**, encontrarás un juego gratis!

¡Rápido y sencillo! Echa un vistazo a nuestra colección de libros de actividades para tu próximo momento de diversión y aprendizaje, ¡a sólo un clic de distancia!

Encuentre su próximo reto en:

BestActivityBooks.com/MiProximoLibro

En sus marcas, listos, ¡Ya!

¿Sabías que hay unas 7.000 lenguas diferentes en el mundo? Las palabras son preciosas.

Nos encantan los idiomas y hemos trabajado duro para crear libros de la más alta calidad para tí. ¿Nuestros ingredientes?

Una selección de temas adecuados para el aprendizaje, tres buenas porciones de entretenimiento, y luego añadimos una cucharada de palabras difíciles y una pizca de palabras raras. Los servimos con cariño y máxima diversión para que puedas resolver los mejores juegos de palabras y te diviertas aprendiendo!

Tu opinión es esencial. Puedes participar activamente en el éxito de este libro dejándonos un comentario. Nos encantaría saber qué es lo que más le ha gustado de esta edición.

Aquí hay un enlace rápido a tu página de pedidos:

BestBooksActivity.com/Opiniones50

Gracias por tu ayuda y diviértete!

Todo el equipo

1 - Ajedrez

```
Á  S  E  E  K  I  R  Á  L  Y  S  Y  X  N
L  Z  H  W  U  J  F  J  L  I  D  W  P  G
D  A  G  Y  S  C  E  Á  B  I  D  Ő  O  I
O  B  H  G  J  F  K  T  A  N  U  L  N  I
Z  Á  J  P  C  O  E  É  J  J  U  S  T  F
A  L  K  Á  I  O  T  K  N  V  L  T  O  B
T  Y  W  I  T  J  E  G  O  E  I  R  K  L
S  O  A  Y  R  É  I  W  K  R  J  A  M  O
A  K  K  X  Á  Á  K  I  S  S  U  T  U  K
T  O  R  N  A  T  L  O  F  E  H  É  R  O
U  B  D  P  I  B  L  Y  S  N  P  G  R  S
P  A  S  S  Z  Í  V  Ó  N  Y  U  I  E  E
E  L  L  E  N  F  É  L  S  Ő  G  A  X  O
X  W  C  W  B  C  G  U  I  F  J  K  T  V
```

TANULNI	ELLENFÉL
FEHÉR	PASSZÍV
BAJNOK	PONTOK
VERSENY	SZABÁLYOK
ÁTLÓS	KIRÁLYNŐ
STRATÉGIA	KIRÁLY
OKOS	ÁLDOZAT
JÁTÉK	IDŐ
JÁTÉKOS	TORNA
FEKETE	

2 - Agua

```
S  G  O  C  Y  A  U  I  L  Y  J  G  U  U
L  Y  X  E  F  S  B  E  H  Ó  C  E  Á  N
Z  A  D  F  C  V  D  C  W  A  X  Y  Y  L
W  X  P  E  S  Ő  Y  Y  I  I  T  L  F  F
P  K  L  M  A  E  A  J  F  H  Ó  Ó  J  X
O  O  B  X  T  Ö  N  T  Ö  Z  É  S  J  K
P  O  G  F  O  L  Y  Ó  J  G  H  R  V  S
Á  Á  H  U  R  R  I  K  Á  N  U  U  J  B
G  R  R  J  N  B  I  F  N  E  L  J  É  G
Ő  Y  V  O  A  L  K  L  N  D  L  D  J  E
Z  E  S  Í  L  F  A  G  Y  V  Á  E  C  J
A  O  Y  Y  Z  G  C  S  A  E  M  G  L  Z
Z  U  H  A  N  Y  Á  M  K  S  O  C  U  Í
M  O  N  S  Z  U  N  S  E  I  K  I  M  R
```

CSATORNA	ESŐ
ZUHANY	MONSZUN
PÁROLGÁS	HÓ
GEJZÍR	ÓCEÁN
FAGY	HULLÁMOK
JÉG	IHATÓ
HURRIKÁN	ÖNTÖZÉS
NEDVES	FOLYÓ
ÁRVÍZ	GŐZ
TÓ	

3 - Granja #2

```
G V G É L E L M I S Z E R V
Y A N X Z Á R P A K C P É G
Ü E Z I U N S Ö L T W B T Y
M C L D D Ö K N K B R A E Ü
Ö W K R A V U T R A U P J M
L Á M A R É K Ö J H C Á H Ö
C N P F V N O Z K A Y S A L
S W U A V Y R É T B Ú Z A C
Ö I Z H J I I S Y U Z T W S
S F I R P T C Z L D V O T R
B Á R Á N Y A V Y V J R R B
M É H K A S T R A K T O R J
I C F R H V J F J U H O R V
I Á L L A T O K Z Y Z P A F
```

GAZDA   LÁMA
ÁLLATOK   KUKORICA
ÁRPA   JUH
MÉHKAS   PÁSZTOR
ÉLELMISZER   KACSA
BÁRÁNY   RÉT
GYÜMÖLCS   ÖNTÖZÉS
PAJTA   TRAKTOR
GYÜMÖLCSÖS   BÚZA
TEJ   NÖVÉNYI

4 - Mueble

```
X  T  P  T  T  M  U  L  A  F  P  A  I  J
I  M  Á  G  Y  E  N  Á  I  Ü  S  A  L  P
Z  P  R  O  O  Y  W  M  M  G  Z  A  D  N
K  U  N  S  T  Z  J  P  N  G  Ő  I  J  V
P  Ö  A  X  D  C  P  A  B  Ő  N  K  K  X
E  Á  N  M  A  T  R  A  C  Á  Y  K  A  P
F  S  R  Y  U  K  L  H  T  G  E  O  N  O
U  F  X  N  V  F  S  C  X  Y  G  M  A  L
T  O  T  L  Á  E  T  Ü  K  Ö  R  Ó  P  C
O  Z  K  T  S  K  S  Z  É  K  A  D  É  O
N  F  T  Y  U  P  A  P  L  A  N  O  K  K
A  R  M  O  I  R  E  M  O  F  O  T  E  L
Í  R  Ó  A  S  Z  T  A  L  L  V  A  F  D
F  Ü  G  G  Ö  N  Y  Ö  K  N  C  C  H  B
```

SZŐNYEG	ÍRÓASZTAL
PÁRNA	TÜKÖR
ARMOIRE	KÖNYVESPOLC
PAD	POLCOK
ÁGY	FUTON
PÁRNÁK	FÜGGŐÁGY
MATRAC	LÁMPA
FÜGGÖNYÖK	SZÉK
KOMÓD	FOTEL
PAPLANOK	KANAPÉ

5 - Pesca

```
T  F  U  Á  L  L  K  A  P  O  C  S  T  S
M  D  H  G  V  M  R  E  F  V  W  O  Ú  Ú
X  Y  H  U  Í  E  T  M  O  O  X  E  L  L
F  E  L  S  Z  E  R  E  L  É  S  G  Z  Y
I  U  N  Z  Z  P  B  P  Y  H  R  J  Á  H
K  W  H  O  K  A  M  W  Ó  O  A  I  S  D
S  O  L  N  S  D  K  X  A  R  X  J  M  R
T  J  P  Y  U  J  W  Á  Y  O  T  G  Ó  Ó
R  L  J  O  B  X  C  R  C  G  I  C  S  T
A  A  W  K  L  W  M  A  T  S  K  B  F  L
N  H  M  E  W  T  Ó  C  E  Á  N  T  C  M
D  V  Y  G  L  F  Y  É  V  S  Z  A  K  N
T  Ü  R  E  L  E  M  Ú  K  O  S  Á  R  I
I  C  S  A  L  I  W  S  K  D  N  D  A  T
```

VÍZ   HOROG
USZONYOK   TÓ
HAJÓ   ÁLLKAPOCS
KOPOLTYÚK   ÓCEÁN
DRÓT   TÜRELEM
CSALI   SÚLY
KOSÁR   STRAND
SZAKÁCS   FOLYÓ
FELSZERELÉS   ÉVSZAK
TÚLZÁS

6 - Aviones

```
M I R Á N Y K M D M U W D O
A J B H I D R O G É N T R C
G É P Í T É S T L N O C A C
A L L K Ö M X O A Y D L Z S
S E É A R U M R F I L J P D
S V G L T L E G É N Y S É G
Á E K A É H A J Ó Z I K O D
G G Ö N N D V T D X Y G P F
É Ő R D E Ü Z E M A N Y A G
G X U C L E S Z Á L L Á S W
O F I T E R V E Z É S E W P
B R E E M P I L Ó T A H F T
B A L L O N K P E W I L F F
P R O P E L L E R E K P H Z
```

LEVEGŐ	BALLON
MAGASSÁG	PROPELLEREK
LESZÁLLÁS	HIDROGÉN
LÉGKÖR	TÖRTÉNELEM
KALAND	MOTOR
ÉG	HAJÓZIK
ÜZEMANYAG	UTAS
ÉPÍTÉS	PILÓTA
IRÁNY	LEGÉNYSÉG
TERVEZÉS	

7 - Tipos de Cabello

```
F O N O T T X Z E D A I K G
S H X O G V T N G W X I H E
G N T G J H E V É K O N Y B
E H U L L Á M O S H T L D P
H Z M V I P F G Z Z H I Z V
V U Ü X Y U É Ö S S Ő Z S S
P I K S T H N N É I J K F Z
H R Y O T A Y D G N V D E Á
O O Z A P V E Ö E Ó D B H R
S B A R N A S R S R V R É A
S L H S W S S Z Ü R K E R Z
Z X R J V T Z Z F E K E T E
Ú G W E W A R Ö V I D N S E
E K M L I G F Ü R T Ö K C G
```

FEHÉR	HULLÁMOS
FÉNYES	EZÜST
KOPASZ	GÖNDÖR
RÖVID	FÜRTÖK
VÉKONY	SZŐKE
SZÜRKE	EGÉSZSÉGES
VASTAG	SZÁRAZ
HOSSZÚ	PUHA
BARNA	FONOTT
FEKETE	ZSINÓR

8 - Ciencia Ficción

```
T Y S F D R U O V U I S C B
Á P H X I A O T V I R P A O
V O B F R O K B Ó P L C D L
O G A L A X I S B P V Á I Y
L I L L Ú Z I Ó Y A I J G G
I R O B O T O K F A N A J Ó
K Ö N Y V E K D E F L Á Ó R
P W W O R E J T É L Y E S T
K É P Z E L E T B E L I L Ű
T X S F Á X G M L T W J A Z
I O N D L A J O I N K G T B
A T O M I M J Z D R L I S D
X K D B S K I I B F A H A R
S Z É L S Ő S É G E S I S W
```

ATOMI	KÖNYVEK
MOZI	REJTÉLYES
TÁVOLI	VILÁG
ROBBANÁS	JÓSLAT
SZÉLSŐSÉGES	BOLYGÓ
TŰZ	REÁLIS
GALAXIS	ROBOTOK
ILLÚZIÓ	UTÓPIA
KÉPZELETBELI	

9 - Juguetes

```
H  W  W  H  J  E  E  K  A  M  I  O  N  B
A  G  Y  A  G  D  C  E  E  S  Z  J  T  M
J  Á  T  É  K  O  K  R  P  D  A  T  N  D
Ó  F  T  M  Ö  B  É  É  W  U  V  K  I  W
R  E  K  Z  N  O  P  K  W  H  Z  E  K  O
E  S  F  F  Y  K  Z  P  V  X  T  Z  N  O
P  T  K  K  V  X  E  Á  K  G  G  S  L  C
Ü  É  D  D  E  U  L  R  L  A  B  D  A  E
L  K  G  I  K  O  E  S  Á  R  K  Á  N  Y
Ő  E  R  O  B  O  T  A  V  O  N  A  T  H
G  K  W  L  A  F  M  U  P  V  Y  F  I  Y
É  R  W  W  B  W  N  T  Y  O  H  A  W  U
P  Y  E  T  A  R  J  Ó  V  Y  L  V  B  V
K  É  Z  M  Ű  V  E  S  S  É  G  S  W  O
```

SAKK	KEDVENC
AGYAG	KÉPZELET
KÉZMŰVESSÉG	JÁTÉKOK
REPÜLŐGÉP	KÖNYVEK
HAJÓ	BABA
KERÉKPÁR	FESTÉKEK
LABDA	ROBOT
KAMION	PUZZLE
AUTÓ	DOBOK
SÁRKÁNY	VONAT

10 - Circo

```
Z N D B A S E S A G S H L C
W S G Ű K Z L V I S L M T U
G R N V R Ó E M A J O M F K
J V P É O R F T I G R I S O
Y A Z S B A Á L L A T O K R
P P G Z A K N T R Ü K K M K
E Z L X T O T L Y M Á G I A
S L E A A Z S O N G L Ő R C
D A Ő N D T O R O S Z L Á N
Y L Z A E A N É Z Ő Á U V T
P S Z L D T N U A J A T J F
G D J Y S Á J E L M E Z O J
B O H Ó C X S L N D T I B R
P A R Á D É R A X P H T Z R
```

AKROBATA
ÁLLATOK
CUKORKA
SÁTOR
PARÁDÉ
ELEFÁNT
SZÓRAKOZTAT
NÉZŐ
OROSZLÁN
MÁGIA

BŰVÉSZ
ZSONGLŐR
MAJOM
ELŐADÁS
ZENE
BOHÓC
TIGRIS
JELMEZ
TRÜKK

11 - Rellenar

```
H  R  T  K  J  B  D  I  K  U  T  N  V  K
O  I  Á  O  T  L  K  T  J  K  J  O  Á  A
R  R  S  R  B  Ő  R  Ö  N  D  Á  X  Z  R
D  V  K  S  L  A  F  B  V  E  J  D  A  T
Ó  E  A  Ó  J  W  C  S  O  M  A  G  V  O
V  U  Y  U  F  F  R  S  F  R  Z  F  N  N
N  Y  C  A  S  W  B  Y  C  I  Í  U  G  U
J  D  O  B  O  Z  M  R  S  X  Ó  T  F  J
O  O  V  Y  T  E  G  K  Ő  R  K  K  É  S
N  F  Y  R  U  T  Á  L  C  A  O  E  X  K
Ü  M  A  P  P  A  A  G  S  Z  S  E  B  H
V  Ö  D  Ö  R  B  J  Y  R  E  Á  B  Y  Y
E  F  I  U  T  D  Z  B  D  X  R  K  K  G
G  M  B  O  L  P  L  F  W  L  I  W  L  C
```

TÁLCA	KARTON
KÁD	KOSÁR
HORDÓ	VÖDÖR
TÁSKA	VÁZA
ZSEB	BŐRÖND
ÜVEG	CSOMAG
DOBOZ	BORÍTÉK
FIÓK	KORSÓ
MAPPA	CSŐ

12 - Granja #1

```
K U T Y A G X U W I G V M L
M E Z Ő G A Z D A S Á G A R
K E R Í T É S S C D T P C E
B F Ö L D M E Z Ő A G F S K
U N Y K P A G E B X P X K E
I I I V B G L Ó C D P R A C
T E H É N O T L H S J Z D S
W Y W Z Z K R I Z S I E K K
M É H U Z D Á J O Z G R E E
E D Z J P R G N Ú A S Z K F
V N P U H J Y M B M L N M E
P Í Y X P O A A D Á B A I H
M É Z L V E O V A R J Ú C X
S Z É N A W S Y P A R P B K
```

MÉH	MACSKA
MEZŐGAZDASÁG	SZÉNA
VÍZ	MÉZ
RIZS	KUTYA
SZAMÁR	CSIRKE
LÓ	MAGOK
KECSKE	BORJÚ
MEZŐ	FÖLD
VARJÚ	TEHÉN
TRÁGYA	KERÍTÉS

13 - Camping

```
V A D Á S Z A T M U E P L K
T U M V I Y X Ű K A B I N E
S T P L E F P Z A L X G R N
V X I I K X B I L D O M D U
N D F R A Ö P R A H U R F I
O M Ü Á Á F T L N G G H Á T
Y K G N Y L N É D H N E K E
H E G Y I W L R L Y V E U R
G J Ő T U K E A E R D Ő Y M
U G Á Ű Ó L C S T R Y A Z É
K Y G S K Á H Y R O V A R S
Y H Y A K M K T O V K I T Z
H O L D P P T É R K É P B E
K A L A P A P A R L X A Y T
```

ÁLLATOK	FÜGGŐÁGY
KALAND	ROVAR
FÁK	TÓ
ERDŐ	LÁMPA
IRÁNYTŰ	HOLD
KABIN	TÉRKÉP
KENU	HEGY
VADÁSZAT	TERMÉSZET
KÖTÉL	KALAP
TŰZ	

14 - Fruta

```
C B A N Á N U A D K I V I G
S S O Y H F P V I Ö B A N U
E Á K G R S Y O X R S N T J
R R A J Y M Y K T Z A J Á
E G P J N Ó X Á U E Ő N P V
S A L M A D C D M G L Á A A
Z B N A R U I Ó C Á Ő S P F
N A X N A T T N Z I L Z A A
Y R D G N G R E N I J N J W
E A Y Ó C M O X I Y V S A A
W C H A S V M G P R E N C A
V K G O Z N E K T A R I N Y
Ő S Z I B A R A C K A Y Y K
K Ó K U S Z D I Ó X F I H X
```

AVOKÁDÓ	ALMA
SÁRGABARACK	ŐSZIBARACK
BOGYÓ	DINNYE
CSERESZNYE	NARANCS
KÓKUSZDIÓ	NEKTARIN
MÁLNA	PAPAJA
GUJÁVAFA	KÖRTE
KIVI	ANANÁSZ
CITROM	BANÁN
MANGÓ	SZŐLŐ

15 - Geología

```
S  J  V  O  H  B  S  C  S  E  P  P  K  Ő
A  Z  I  Y  B  S  Ó  L  S  V  C  K  R  O
V  Ó  T  B  F  E  N  N  S  Í  K  O  I  G
N  N  I  A  Ö  K  K  B  G  C  G  R  S  E
B  A  I  R  L  K  O  V  D  V  E  A  T  J
E  Y  F  L  D  A  I  N  A  T  Z  L  Á  Z
E  S  O  A  R  A  G  E  T  R  I  L  L  Í
R  F  S  N  E  A  G  M  T  I  C  A  Y  R
Ó  R  S  G  N  O  J  N  I  F  N  E  O  M
Z  É  Z  Z  G  L  H  L  R  T  Y  E  K  U
I  T  I  T  É  Á  B  U  G  W  O  W  N  A
Ó  E  L  K  S  V  U  L  K  Á  N  K  D  S
Y  G  I  Ő  K  A  L  C  I  U  M  Y  B  B
K  W  S  C  Z  G  M  X  Z  S  E  C  K  Y
```

SAV	SZTALAGMITOK
KALCIUM	FOSSZILIS
RÉTEG	GEJZÍR
BARLANG	LÁVA
KONTINENS	FENNSÍK
KORALL	KŐ
KRISTÁLYOK	SÓ
KVARC	FÖLDRENGÉS
ERÓZIÓ	VULKÁN
CSEPPKŐ	ZÓNA

16 - Plantas

```
S  Z  I  R  O  M  B  A  M  B  U  S  Z  T
Z  P  R  K  O  K  B  A  M  V  T  T  B  R
N  Ö  V  É  N  Y  Z  E  T  O  Z  E  O  Á
W  M  K  O  T  X  H  C  B  E  H  D  T  G
F  Z  N  W  V  T  P  L  O  L  X  A  A  Y
Z  D  C  V  U  S  W  O  R  P  Z  G  N  A
K  A  K  T  U  S  Z  M  O  B  M  Y  I  F
B  L  H  F  J  O  A  B  S  C  O  Ö  K  Ű
B  A  B  K  L  N  X  O  T  B  F  K  A  V
O  Z  U  R  E  E  C  Z  Y  O  A  É  O  I
C  C  Z  K  V  R  J  A  Á  G  A  R  J  R
P  V  W  G  É  D  T  T  N  Y  I  Y  S  Á
R  E  Z  E  L  Ő  S  S  K  Ó  Y  J  A  G
N  Ö  V  É  N  Y  V  I  L  Á  G  S  H  R
```

BOKOR	LOMBOZAT
FA	BAB
BAMBUSZ	BOROSTYÁN
BOGYÓ	FŰ
ERDŐ	LEVÉL
BOTANIKA	KERT
KAKTUSZ	MOHA
TRÁGYA	SZIROM
VIRÁG	GYÖKÉR
NÖVÉNYVILÁG	NÖVÉNYZET

17 - Suministros de Arte

```
K A M E R A J A O M E B X F
R A D Í R C P K H L R C Y E
A S Z T A L A V Í Z A E P S
G K K C W R S A Z T V J P T
A O R V U P Z R F I K F Ö Ő
S Z D I P A T E D N A G T Á
Z Y R C L P E L F T G J L L
T M J W E Í L L K A Y P E L
Ó K H B C R L E Y Y A T T V
D T F T S V U K X R G C E Á
S Z É K E R S Z Í N E K K N
P D R U T X I D Á Y L G W Y
C Z I S E G R P O K S K S J
H V E A K F E S T É K E K X
```

OLAJ	ÖTLETEK
AKRIL	CERUZÁK
AKVARELLEK	ASZTAL
VÍZ	PAPÍR
AGYAG	PASZTELL
RADÍR	RAGASZTÓ
FESTŐÁLLVÁNY	FESTÉKEK
KAMERA	SZÉK
ECSETEK	TINTA
SZÍNEK	

18 - Jardín

```
B E G G I C T O R N Á C C T
O G Y F O K J X I P K E A Ö
K F Ü G G Ő Á G Y V N O I M
O T M T L M U J T B T B X L
R A Ö R R O F G Y O M O K Ő
T V L A Z P M Ű T J P T T K
A A C M F A G E R E B L Y E
L C S B Y D Y K V I R Á G R
A S Ö U T O E O E I T A F T
J K S L L A P Á T R T I S L
R A P I U I A R N O Í P J Z
Z D S N E B D L W P T T T R
L R E X W I X C R L N D É H
G A R Á Z S K R E B K X N S
```

BOKOR

FA

PAD

GYEP

TAVACSKA

VIRÁG

GARÁZS

FÜGGŐÁGY

FŰ

GYÜMÖLCSÖS

KERT

GYOMOK

TÖMLŐ

LAPÁT

TORNÁC

GEREBLYE

TALAJ

TERASZ

TRAMBULIN

KERÍTÉS

19 - Países #2

```
U  P  J  O  C  G  F  U  O  C  X  U  A  I
F  O  J  D  L  P  A  K  I  S  Z  T  Á  N
É  R  H  U  S  Z  Í  R  I  A  Z  U  J  D
E  T  A  L  H  M  J  A  M  A  I  C  A  O
T  U  U  N  N  E  W  J  A  P  Á  N  X  N
I  G  S  D  C  X  B  N  D  Á  N  I  A  É
Ó  Á  Z  R  F  I  S  A  O  B  T  Z  L  Z
P  L  T  X  P  K  A  Z  B  C  J  A  B  I
I  I  R  L  T  Ó  J  O  U  Y  C  U  Á  A
A  A  Á  L  D  H  B  R  R  D  B  B  N  N
C  S  L  A  O  S  Z  G  Z  S  Á  O  I  H
A  T  I  U  G  A  N  D  A  S  Z  N  A  O
Y  V  A  Í  R  O  R  S  Z  Á  G  Á  A  K
B  G  O  R  O  S  Z  O  R  S  Z  Á  G  Y
```

ALBÁNIA	LAOSZ
AUSZTRÁLIA	MEXIKÓ
DÁNIA	PAKISZTÁN
ETIÓPIA	PORTUGÁLIA
FRANCIAORSZÁG	OROSZORSZÁG
INDONÉZIA	SZÍRIA
ÍRORSZÁG	SZUDÁN
JAMAICA	UKRAJNA
JAPÁN	UGANDA

20 - Tecnología

```
M  N  A  T  M  P  M  G  K  S  R  G  Y  S
F  F  U  D  L  K  V  U  Z  A  N  E  C  U
X  R  V  W  A  G  N  A  O  B  M  X  G  Z
K  D  Z  I  N  T  E  R  N  E  T  E  P  E
S  Z  Á  M  Í  T  Ó  G  É  P  D  A  R  V
Ü  Z  E  N  E  T  U  T  W  B  C  D  V  A
K  I  O  D  I  G  I  T  Á  L  I  S  E  V
É  K  B  F  P  D  G  H  V  O  P  X  Y  M
P  U  Á  Á  T  X  S  D  R  G  I  X  Z  P
E  T  J  J  A  V  I  R  T  U  Á  L  I  S
R  A  T  L  P  B  E  T  Ű  T  Í  P  U  S
N  T  C  A  R  K  U  R  Z  O  R  P  Z  R
Y  Á  B  I  Z  T  O  N  S  Á  G  T  X  R
Ő  S  B  Ö  N  G  É  S  Z  Ő  A  N  N  D
```

FÁJL	KUTATÁS
BLOG	ÜZENET
BÁJT	BÖNGÉSZŐ
KAMERA	SZÁMÍTÓGÉP
KURZOR	KÉPERNYŐ
ADAT	BIZTONSÁG
DIGITÁLIS	SZOFTVER
BETŰTÍPUS	VIRTUÁLIS
INTERNET	

21 - Números

```
N A G I H É T M C L I T V O
K Y W U Y O I H Y D U V A K
H I O A T I Z E N H Á R O M
Ú S L L O K E T T Ő P G N R
S W M E C U N P Y C U E
Z N J L N E Ö H A T E B L V
D D L G N C T C U N C Z L J
T T I Z E N H É T F T E A L
X Í G Y T I Z E N N É G Y N
R L Z T I Z E N N Y O L C É
Y B B Z W H Á R O M N C E G
T I Z E N K E T T Ő E S E Y
R G T I Z E N H A T I R X O
W S P T I Z E D E S R Ö T J
```

TIZENNÉGY   KETTŐ
NULLA   KILENC
ÖT   NYOLC
NÉGY   TIZENÖT
TIZEDES   HAT
TIZENNYOLC   HÉT
TIZENHAT   TIZENHÁROM
TIZENHÉT   HÁROM
TÍZ   HÚSZ
TIZENKETTŐ

22 - Mitología

```
F  É  L  T  É  K  E  N  Y  S  É  G  F  Y
L  E  G  E  N  D  A  H  F  N  Y  F  U  O
H  H  B  R  R  T  B  U  Ő  B  H  O  O  H
A  A  O  E  V  Ő  N  Z  V  S  C  G  J  H
R  L  S  M  V  K  U  L  T  Ú  R  A  T  B
C  A  S  T  I  S  T  E  N  S  É  G  E  K
O  N  Z  É  L  A  B  I  R  I  N  T  U  S
S  D  Ú  S  L  N  Y  U  S  S  P  T  K  N
Y  Ó  M  U  Á  S  O  I  F  Z  E  D  G  R
T  E  R  E  M  T  M  É  N  Y  Ö  Y  M  R
A  R  C  H  E  T  Í  P  U  S  T  R  E  C
K  A  T  A  S  Z  T  R  Ó  F  A  V  N  E
V  I  S  E  L  K  E  D  É  S  O  T  N  Y
H  I  E  D  E  L  M  E  K  R  G  C  Y  Z
```

ARCHETÍPUS	ERŐ
FÉLTÉKENYSÉG	HARCOS
MENNY	HŐS
VISELKEDÉS	LABIRINTUS
TEREMTÉS	LEGENDA
HIEDELMEK	SZÖRNY
TEREMTMÉNY	HALANDÓ
KULTÚRA	VILLÁM
ISTENSÉGEK	BOSSZÚ
KATASZTRÓFA	

23 - Ecología

```
T  P  F  O  R  R  Á  S  O  K  L  H  Z  S
V  E  K  Ö  Z  Ö  S  S  É  G  E  K  K  O
D  G  R  N  N  X  W  J  F  A  U  N  A  K
W  V  M  M  N  D  H  A  A  L  M  Ö  R  F
L  O  L  W  É  Ö  N  H  J  E  O  V  É  É
T  U  B  E  A  S  V  L  O  B  C  É  G  L
P  Ú  C  H  O  V  Z  É  D  J  S  N  H  E
W  S  L  H  P  B  W  E  N  I  Á  Y  A  S
D  J  F  É  B  O  D  J  T  Y  R  E  J  É
U  W  C  U  L  Z  O  I  P  E  Z  K  L  G
K  T  E  R  M  É  S  Z  E  T  S  E  A  R
F  A  J  T  A  A  S  Z  Á  L  Y  G  T  X
N  É  L  Ő  H  E  L  Y  O  D  K  F  I  F
D  J  A  E  T  E  N  G  E  R  I  C  M  H
```

ÉGHAJLAT	TERMÉSZET
KÖZÖSSÉGEK	MOCSÁR
SOKFÉLESÉG	NÖVÉNYEK
FAJ	FORRÁSOK
FAUNA	ASZÁLY
ÉLŐHELY	TÚLÉLÉS
TENGERI	FAJTA
TERMÉSZETES	NÖVÉNYZET

24 - Casa

```
T  G  A  R  Á  Z  S  M  P  A  I  L  C  H
E  Ü  P  R  M  K  W  C  I  J  I  F  P  Á
T  Y  K  F  B  B  J  V  N  O  B  F  K  L
Ő  P  N  Ö  N  F  Z  J  C  U  A  Y  Ö  Ó
Z  M  L  U  R  R  S  X  E  R  I  K  N  S
L  Á  M  P  A  B  L  A  K  C  T  E  Y  Z
B  K  U  P  P  A  V  F  J  S  K  R  V  O
C  A  S  Z  Ő  N  Y  E  G  A  E  T  T  B
Z  N  W  O  C  L  Z  K  Z  P  R  P  Á  A
S  D  I  N  C  D  U  O  I  A  Í  E  R  V
P  A  D  L  Ó  A  H  N  A  D  T  U  A  Ű
O  L  G  F  I  J  A  Y  Z  L  É  U  S  L
O  L  T  A  W  T  N  H  T  Á  S  D  L  O
J  Ó  T  L  M  Ó  Y  A  X  S  Y  D  D  W
```

SZŐNYEG	CSAP
PADLÁS	KERT
KÖNYVTÁR	LÁMPA
KANDALLÓ	FAL
KONYHA	PADLÓ
HÁLÓSZOBA	AJTÓ
ZUHANY	PINCE
SEPRŰ	TETŐ
TÜKÖR	KERÍTÉS
GARÁZS	ABLAK

25 - Artes Visuales

```
K C W P O R T R É V I A S Z
E E F E S T Ő Á L L V Á N Y
R R I R T T C N K X T L K É
Á U L S E P S S R V F A R P
M Z M P N L L J E T E K É Í
I A I E C S B M A S S K T T
A R U K I F M S T Z T F A É
A T R T L É K S I O M I M S
M G T Í M N B Y V B É B U Z
C Ű Y V N Y X T I O N F U E
M Y V A M K P C T R Y J H T
U S E É G É X N Á T O L L K
V O N Z S P M E S T E R M Ű
J D Ö S S Z E T É T E L O X
```

AGYAG	FÉNYKÉP
ÉPÍTÉSZET	CERUZA
MŰVÉSZ	MESTERMŰ
LAKK	FILM
FESTŐÁLLVÁNY	PERSPEKTÍVA
VIASZ	FESTMÉNY
KERÁMIA	STENCIL
ÖSSZETÉTEL	TOLL
KREATIVITÁS	PORTRÉ
SZOBOR	KRÉTA

26 - Escuela #2

```
S H Á T I Z S Á K T V G U I
S Z J Á T É K O K A I G J U
P Z Á C O H R B U N N K F Y
D T Ó M P A P Í R Á J D N B
C S W T Í F Z K N R H M Y B
O E M S Á T K E L L É K E K
K B R D S R Ó A W F O Ö L I
T U O U A E Z G G H L N V R
A S U A Z E I P É C L Y T O
T Z O L V A S Á S P Ó V A D
Á O A K A D É M I A I T N A
S T U D O M Á N Y Z V Á P L
R U H Á K A N A P T Á R V O
K Ö N Y V E K N I R N O Y M
```

AKADÉMIAI	OLVASÁS
BUSZ	KÖNYVEK
KÖNYVTÁR	IRODALOM
NAPTÁR	HÁTIZSÁK
TUDOMÁNY	SZÁMÍTÓGÉP
SZÓTÁR	PAPÍR
OKTATÁS	TANÁR
NYELVTAN	RUHÁK
JÁTÉKOK	KELLÉKEK
CERUZA	OLLÓ

27 - Selva Tropical

E	M	L	Ő	S	Ö	K	F	V	T	N	F	X	H
K	É	T	É	L	T	Ű	E	K	A	W	U	E	E
B	O	T	A	N	I	K	A	R	W	Y	H	É	L
T	E	R	M	É	S	Z	E	T	Y	O	M	R	Y
S	O	K	F	É	L	E	S	É	G	O	E	T	R
T	K	S	K	G	U	T	M	O	H	A	G	É	E
I	Ö	D	E	H	I	Ú	F	E	L	H	Ő	K	Á
S	Z	R	H	A	X	L	M	B	V	P	R	E	L
Z	Ö	O	K	J	G	É	J	A	X	P	Z	S	L
T	S	V	N	L	E	L	S	V	D	M	É	A	Í
E	S	A	F	A	J	É	S	L	L	A	S	L	T
L	É	R	O	T	Z	S	P	R	D	E	R	K	Á
E	G	O	D	Z	S	U	N	G	E	L	H	A	S
T	Y	K	M	E	N	E	D	É	K	H	X	O	K

KÉTÉLTŰEK
BOTANIKA
ÉGHAJLAT
KÖZÖSSÉG
SOKFÉLESÉG
FAJ
ROVAROK
EMLŐSÖK
MOHA
TERMÉSZET

FELHŐK
MADARAK
MEGŐRZÉS
MENEDÉK
TISZTELET
HELYREÁLLÍTÁS
DZSUNGEL
TÚLÉLÉS
ÉRTÉKES

28 - Colores

```
X N H J Y Z P S I S Y K F J
A Z A C A U M Á C P R P E F
Z T Z R W B H R L I L A H U
B N Ö L A O O G G W Á K É K
C V L Z X N B A X F C N R S
I N D I G Ó C É B A R N A Z
L E D N L H J S Z É P I A I
R Ó Z S A S Z Í N S I B L A
N I T B I X H X L U R C O I
Y O Z A B J X I E Z O W A B
D D G O B G N U T A S A G O
O A C H R H G T S F I M S L
F E K E T E L S Z Ü R K E Y
B Í B O R V Ö R Ö S B U D A
```

SÁRGA	BARNA
KÉK	NARANCS
BÉZS	FEKETE
FEHÉR	LILA
CIÁN	PIROS
FUKSZIA	RÓZSASZÍN
SZÜRKE	SZÉPIA
INDIGÓ	ZÖLD
BÍBORVÖRÖS	IBOLYA

29 - Adjetivos #1

```
R  W  J  Ó  Ő  M  W  J  Y  U  G  L  A  T
W  I  F  R  S  F  N  F  P  A  A  K  S  Ö
V  D  W  I  Z  I  D  W  P  K  M  I  E  K
S  F  M  Á  I  A  B  S  Z  O  L  Ú  T  É
É  Ö  R  S  N  T  J  V  F  M  F  U  X  L
R  Z  T  I  T  A  E  O  N  O  J  T  S  E
T  G  L  É  E  L  A  N  Z  L  N  I  A  T
É  U  H  L  T  F  S  Z  E  Y  X  T  R  E
K  W  A  K  T  Í  V  Ó  L  H  F  P  O  S
E  Y  Á  R  T  A  T  L  A  N  É  O  M  S
S  C  T  M  U  A  Y  B  S  K  N  Z  Á  Z
M  O  D  E  R  N  J  T  S  S  Y  U  S  F
N  A  G  Y  I  M  R  S  Ú  B  E  R  G  S
N  A  G  Y  L  E  L  K  Ű  I  S  W  I  B
```

ABSZOLÚT	ÁRTATLAN
AKTÍV	FIATAL
AROMÁS	LASSÚ
VONZÓ	MODERN
FÉNYES	SÖTÉT
ÓRIÁSI	TÖKÉLETES
NAGYLELKŰ	NEHÉZ
NAGY	KOMOLY
ŐSZINTE	ÉRTÉKES
FONTOS	

30 - Familia

```
L  A  G  Z  Y  A  A  Y  R  N  U  G  U  G
Á  G  N  Y  J  A  N  U  J  A  N  Y  H  X
N  N  I  Y  E  S  Y  E  U  G  O  E  F  E
Y  J  P  C  A  R  A  K  I  Y  K  R  S  F
A  P  N  K  A  I  M  V  Z  M  A  M  U  E
N  A  G  Y  A  P  A  E  W  A  H  E  N  L
A  A  G  U  Y  L  G  Ő  K  M  Ú  K  O  E
U  N  O  K  A  Ö  C  S  D  A  G  K  K  S
B  É  I  I  P  Y  V  T  Z  I  F  O  A  É
U  N  O  K  A  T  E  S  T  V  É  R  P  G
K  I  P  L  T  E  S  T  V  É  R  Z  A  D
G  Y  E  R  M  E  K  E  K  F  J  F  I  X
N  A  G  Y  B  Á  C  S  I  E  T  L  X  K
Z  T  B  K  L  I  J  K  M  F  S  Z  S  U
```

NAGYMAMA	UNOKA
NAGYAPA	GYERMEK
ŐS	GYERMEKEK
FELESÉG	APA
TESTVÉR	APAI
LÁNYA	UNOKATESTVÉR
GYERMEKKOR	UNOKAHÚG
ANYA	UNOKAÖCS
FÉRJ	NÉNI
ANYAI	NAGYBÁCSI

31 - Disciplinas Científicas

```
C  S  I  L  L  A  G  Á  S  Z  A  T  B  N
K  S  Z  O  C  I  O  L  Ó  G  I  A  O  B
U  É  Ö  K  O  L  Ó  G  I  A  A  B  T  R
I  P  M  Z  V  G  E  O  L  Ó  G  I  A  R
P  T  B  I  O  L  Ó  G  I  A  T  O  N  É
C  R  J  O  A  S  K  M  T  D  N  K  I  G
A  N  A  T  Ó  M  I  A  D  I  B  É  K  É
F  I  Z  I  O  L  Ó  G  I  A  O  M  A  S
I  M  M  U  N  O  L  Ó  G  I  A  I  Y  Z
M  E  C  H  A  N  I  K  A  Y  C  A  H  E
E  P  S  Z  I  C  H  O  L  Ó  G  I  A  T
T  E  R  M  O  D  I  N  A  M  I  K  A  M
M  E  T  E  O  R  O  L  Ó  G  I  A  O  Y
N  E  U  R  O  L  Ó  G  I  A  B  X  A  D
```

ANATÓMIA	IMMUNOLÓGIA
RÉGÉSZET	MECHANIKA
CSILLAGÁSZAT	METEOROLÓGIA
BIOLÓGIA	NEUROLÓGIA
BIOKÉMIA	PSZICHOLÓGIA
BOTANIKA	KÉMIA
ÖKOLÓGIA	SZOCIOLÓGIA
FIZIOLÓGIA	TERMODINAMIKA
GEOLÓGIA	

32 - Gatos

```
Ő  B  E  I  L  L  X  M  M  F  Z  R  E  F
E  R  J  I  U  V  P  G  V  O  R  T  A  A
J  F  Ü  G  G  E  T  L  E  N  V  W  V  R
Á  W  M  L  U  K  B  S  D  A  K  I  S  O
T  F  V  A  T  G  K  W  H  L  Í  I  O  K
É  K  I  A  N  A  G  U  G  E  V  E  F  A
K  A  C  E  D  C  V  N  E  I  Á  G  L  L
O  R  C  A  I  L  S  P  I  G  N  É  W  V
S  O  E  I  C  J  E  Y  Z  S  C  R  J  Á
Y  M  S  Z  E  M  É  L  Y  I  S  É  G  S
S  Z  Ő  R  M  E  D  C  I  G  I  L  Y  L
B  D  Z  V  A  D  Á  S  Z  J  R  Y  O  X
F  É  L  É  N  K  W  B  B  J  N  D  R  P
N  U  J  J  L  W  K  B  S  J  O  D  S  N
```

VADÁSZ	ŐRÜLT
FAROK	MANCS
KÍVÁNCSI	SZEMÉLYISÉG
ALVÁS	SZŐRME
KAROM	KIS
VICCES	EGÉR
FONAL	GYORS
FÜGGETLEN	VAD
JÁTÉKOS	FÉLÉNK

33 - Cocina

```
T  M  S  V  E  H  R  N  C  T  W  P  H  M
K  É  Z  I  D  Ű  E  T  I  J  Y  E  E  E
A  L  A  L  É  T  C  A  S  M  L  N  V  R
N  Y  L  L  L  Ő  E  C  U  Ü  U  Y  P  Ő
A  H  V  A  E  S  P  A  V  H  T  X  F  K
L  Ű  É  S  L  Z  T  R  Í  L  C  Ő  Ű  A
A  T  T  Z  M  E  Á  X  Z  F  S  C  S  N
K  Ő  A  I  I  K  L  T  F  M  É  V  Z  Á
K  B  X  V  S  R  K  S  O  L  S  I  E  L
Ö  O  G  A  Z  É  A  K  R  T  Z  P  R  B
T  S  R  C  E  N  N  I  R  F  É  C  E  M
É  W  I  S  R  Y  C  M  A  J  K  F  K  X
N  L  L  K  Ó  K  S  W  L  K  É  S  E  K
Y  Y  L  Z  P  R  Ó  N  Ó  V  V  C  K  Y
```

VÍZFORRALÓ	SÜTŐ
ENNI	KANCSÓ
ÉLELMISZER	GRILL
MÉLYHŰTŐ	RECEPT
KANALAK	HŰTŐSZEKRÉNY
MERŐKANÁL	SZALVÉTA
KÉSEK	KORSÓ
KÖTÉNY	CSÉSZÉK
FŰSZEREK	TÁL
SZIVACS	VILLA

34 - Escuela #1

```
V U N L U K Ö N Y V E K M T
S I E F U A Ö X M Ó K A A D
Z T Z B N C R N O N I F P C
Á A S S É T F G Y A B R P Z
M N Z Y G D D F W V X S Á C
O Á É F Z Á B A R Á T O K E
K R K O W X K T X G A Á C R
M A T E M A T I K A N P R U
T A N T E R E M T A U A R Z
Í R Ó A S Z T A L B L P A A
W O K Y K Y E O H S N Í T I
T O L L V Á B É C É I R P N
M D E T Í A T A G E J O S P
U G R F Z V Á L A S Z O K D
```

ÁBÉCÉ	VIZSGÁK
EBÉD	CERUZA
BARÁTOK	KÖNYVEK
TANULNI	MATEMATIKA
TANTEREM	SZÁMOK
KÖNYVTÁR	PAPÍR
MAPPÁK	TOLL
MÓKA	TANÁR
ÍRÓASZTAL	VÁLASZOK
KVÍZ	SZÉK

35 - Adjetivos #2

```
F  K  T  E  S  N  K  K  X  E  É  E  F  G
L  R  E  D  R  Á  M  A  I  L  R  M  Ű  M
E  E  R  H  T  X  J  Z  B  E  D  V  S  M
Í  A  M  E  E  Y  O  M  Ü  G  E  Z  Z  T
R  T  E  M  G  T  S  Ó  S  Á  K  Y  E  E
Ó  Í  L  L  T  É  Ő  X  Z  N  E  M  R  R
V  V  Ő  F  R  I  S  S  K  S  S  T  E  M
E  R  Ő  S  F  U  F  Z  E  U  W  P  S  É
N  O  R  M  Á  L  E  I  S  H  Í  R  E  S
M  T  X  N  R  F  L  E  R  É  R  H  T  Z
X  H  S  M  A  D  E  Ú  M  C  G  G  O  E
G  Y  A  F  D  H  L  K  J  N  B  E  F  T
T  P  I  M  T  L  Ő  Z  M  A  N  N  S  E
M  J  U  V  O  N  S  Z  Á  R  A  Z  O  S
```

FÁRADT	TERMÉSZETES
EHETŐ	NORMÁL
KREATÍV	ÚJ
LEÍRÓ	BÜSZKE
DRÁMAI	FŰSZERES
ELEGÁNS	TERMELŐ
HÍRES	FELELŐS
FRISS	SÓS
ERŐS	EGÉSZSÉGES
ÉRDEKES	SZÁRAZ

36 - Cuerpo Humano

```
G H Y T M X T V S I H V S C
N T X A B C K É R A R C Z U
M T U K O S S R B E N A E D
F N A K K É Z Z L Y S Y M O
B U L G A G Í G Á L L X U U
S E A G J F V C B J H S O E
D Z K Ö N Y Ö K Ő F B O H O
U V T B Y L S F R G C S T J
H Y V M A U B K A W A N M X
U J J Á K Z X Z G K X G T B
C J Z T L B U I Y T P Y I P
F E J S G L C Z O É V F I H
Ü E J O N Y E L V R K Z C K
L A F K V U T Z I D R R T E
```

ÁLL	NYELV
SZÁJ	KÉZ
FEJ	ORR
ARC	SZEM
AGY	FÜL
KÖNYÖK	BŐR
SZÍV	LÁB
NYAK	TÉRD
UJJ	VÉR
VÁLL	BOKA

37 - Ciencia

```
K  É  M  I  A  I  É  G  H  A  J  L  A  T
F  W  E  O  S  Z  E  R  V  E  Z  E  T  G
H  S  G  S  N  R  N  A  T  O  M  M  É  V
L  F  F  C  T  E  M  V  U  N  A  Ó  N  M
K  R  I  W  N  K  E  I  Y  M  P  D  Y  U
F  É  G  H  I  P  O  T  É  Z  I  S  A  R
I  S  Y  O  O  R  R  Á  U  E  W  Z  J  T
Z  Z  E  K  R  D  X  C  E  D  U  E  T  Y
I  E  L  V  I  X  H  I  V  T  Ó  R  L  B
K  C  É  A  V  F  D  Ó  C  Y  P  S  U  F
A  S  S  G  N  Ö  V  É  N  Y  E  K  T  R
M  K  L  A  B  O  R  A  T  Ó  R  I  U  M
Y  É  P  F  O  S  S  Z  I  L  I  S  Z  T
P  K  T  E  R  M  É  S  Z  E  T  Y  R  P
```

ATOM	LABORATÓRIUM
TUDÓS	MÓDSZER
ÉGHAJLAT	TERMÉSZET
ADAT	MEGFIGYELÉS
FIZIKA	SZERVEZET
FOSSZILIS	RÉSZECSKÉK
GRAVITÁCIÓ	NÖVÉNYEK
TÉNY	KÉMIAI
HIPOTÉZIS	

38 - Dinosaurios

```
F H H M W M H J V W Ő Z M E
R J A N A M É R E T S S F L
D E T O A M Y I R F K Á R T
J S A Z N G U Z Ő I O K S Ű
H Ü L L Ő C Y T S N R M R N
Ú B M F O S S Z Í L I Á K É
S C A E V O L Ú C I Ó N V S
E Z S T S R F A J N U Y L I
V G Á F Ö L D T O C V U C F
Ő O J R N Ö V É N Y E V Ő A
R N M I N D E N E V Ő D F R
K O A U C Y O D M R R U P O
V S U A Z R A P T O R F H K
F Z A C Z M O K I R W L R G
```

SZÁRNYAK	MAMUT
HÚSEVŐ	MINDENEVŐ
FAROK	ERŐS
ELTŰNÉS	ŐSKORI
HATALMAS	ZSÁKMÁNY
FAJ	RAPTOR
EVOLÚCIÓ	HÜLLŐ
FOSSZÍLIÁK	MÉRET
NAGY	FÖLD
NÖVÉNYEVŐ	GONOSZ

39 - Restaurante #2

```
G  M  E  L  Ő  É  T  E  L  V  X  L  T  V
V  Y  V  K  Z  R  O  B  V  G  L  E  O  I
I  Í  Ü  T  Y  Y  J  É  G  E  Z  V  R  L
N  E  Z  M  U  M  Á  D  H  G  L  E  T  L
E  S  S  F  Ö  X  S  N  T  D  I  S  A  A
N  A  V  V  R  L  X  U  Y  T  T  P  Z  M
V  M  Z  V  V  A  C  S  O  R  A  A  C  H
J  P  I  N  C  É  R  S  Ó  U  L  G  P  W
E  I  U  F  F  L  A  X  G  U  S  A  V  K
H  H  G  F  F  Ű  S  Z  E  R  E  K  F  X
E  X  Z  O  J  N  P  Z  P  Z  G  U  F  K
K  A  N  Á  L  H  K  E  É  F  I  N  O  M
S  A  L  Á  T  A  T  T  T  K  M  P  F  H
T  Y  V  Z  Ö  L  D  S  É  G  E  K  T  W
```

VÍZ	GYÜMÖLCS
EBÉD	JÉG
ELŐÉTEL	TOJÁS
ITAL	TORTA
PINCÉR	HAL
VACSORA	SÓ
KANÁL	SZÉK
FINOM	LEVES
SALÁTA	VILLA
FŰSZEREK	ZÖLDSÉGEK

40 - Profesiones #1

```
N  A  A  O  R  C  L  H  N  I  É  P  T  B
Ü  A  Y  M  M  Y  A  L  R  F  K  S  Á  A
G  B  G  T  É  R  K  É  P  É  S  Z  N  N
Y  M  E  Y  A  S  L  Y  H  T  Z  I  C  K
V  Z  O  G  K  T  P  S  Y  U  E  C  O  Á
É  L  L  H  G  Ö  L  A  A  D  R  H  S  R
D  K  Ó  Y  T  B  V  É  U  Ó  É  O  D  E
R  K  G  H  O  S  W  E  T  S  S  L  S  E
Z  L  U  Á  P  O  L  Ó  T  A  Z  Ó  E  U
J  E  S  T  Ű  Z  O  L  T  Ó  G  G  Z  A
S  D  N  U  Y  K  Y  I  P  Z  D  U  U  F
B  Z  E  É  G  L  H  O  R  V  O  S  W  T
S  Ő  B  A  S  Z  E  R  K  E  S  Z  T  Ő
H  F  S  G  V  Z  Y  V  A  D  Á  S  Z  C
```

ÜGYVÉD	SZERKESZTŐ
ATLÉTA	NAGYKÖVET
TÁNCOS	ÁPOLÓ
BANKÁR	EDZŐ
TŰZOLTÓ	GEOLÓGUS
TÉRKÉPÉSZ	ÉKSZERÉSZ
VADÁSZ	ZENÉSZ
TUDÓS	PSZICHOLÓGUS
ORVOS	

41 - Vehículos

```
M E N T Ő A U T Ó W W K U H
T E N J L N I F U R G O N E
R P T O V O N A T T H M Z L
A I U R A K É T A H A P M I
K U I O Ó U E S X R J J O K
T K O D A G U M I K Ó U T O
O L A K Ó K O C S I J K O P
R X R E P Ü L Ő G É P E R T
O M X B X C U U C T C R P E
B T C O U B A B P H Z É I R
O D A U T Ó U S N C R K Z B
G S V J D W Y S E I X P C F
Ó W O G P N A E Z L J Á S S
K A M I O N X V G N Z R C L
```

MENTŐAUTÓ	KOMP
BUSZ	FURGON
REPÜLŐGÉP	HELIKOPTER
TUTAJ	METRÓ
HAJÓ	MOTOR
KERÉKPÁR	GUMIK
KAMION	ROBOGÓ
LAKÓKOCSI	TAXI
AUTÓ	TRAKTOR
RAKÉTA	VONAT

42 - Vacaciones #2

```
S T R A N D Z Y C S X V N R
Ú T L E V É L P M Z C Z G M
N Y A R A L Á S G I S X K Z
S Z A B A D I D Ő G T B Y I
S Z Á L L O D A H E G Y E K
W G Á J M V O N A T V Z K S
F O G L A L Á S O K F J Ü Á
R E P Ü L Ő T É R T T G L T
M Z C C V Í Z U M É T E F O
F C V N Z É T T E R E M Ö R
T O U S R O T Á V K S M L F
V A T E N G E R S É Y M D M
K S X Ó G Y O V U P Z H I Z
Y X B I K U T A Z Á S J J U
```

REPÜLŐTÉR	ÚTLEVÉL
SÁTOR	STRAND
KÜLFÖLDI	FOGLALÁSOK
FOTÓK	ÉTTEREM
SZÁLLODA	TAXI
SZIGET	SZÁLLÍTÁS
TÉRKÉP	VONAT
TENGER	NYARALÁS
HEGYEK	UTAZÁS
SZABADIDŐ	VÍZUM

43 - Cumpleaños

```
I  V  J  S  B  I  K  Z  B  B  C  K  I  R
E  D  J  R  B  A  R  Á  T  O  K  Á  P  F
M  I  Ő  R  E  W  M  A  W  L  S  R  K  L
L  T  X  J  D  M  C  J  T  D  N  T  Ü  Ü
É  A  O  N  A  P  T  Á  R  O  A  Y  L  N
K  N  C  R  L  D  J  N  T  G  P  Á  Ö  N
E  U  O  C  T  L  Z  D  L  C  P  K  N  E
K  L  H  S  V  A  F  É  V  U  N  I  L  P
V  N  J  A  R  F  A  K  V  F  X  P  E  L
B  I  T  B  Ö  L  C  S  E  S  S  É  G  É
M  V  D  M  E  G  H  Í  V  Ó  K  E  E  S
C  A  S  Á  F  I  A  T  A  L  B  J  S  I
X  U  O  G  M  S  Z  Ü  L  E  T  E  T  T
G  Y  E  R  T  Y  Á  K  O  F  L  P  E  F
```

VIDÁM	MEGHÍVÓK
BARÁTOK	FIATAL
ÉV	SZÜLETETT
TANULNI	TORTA
NAPTÁR	EMLÉKEK
DAL	AJÁNDÉK
ÜNNEPLÉS	BÖLCSESSÉG
NAP	KÁRTYÁK
KÜLÖNLEGES	IDŐ
BOLDOG	GYERTYÁK

44 - Baile

```
Z I K K P V I D Á M T E S T
E W U I P R V I Z U Á L I S
N L L F D K Ó O A C J B J C
E J T E N N B A O S R O H
K K Ú J V G A K A D É M I A
K O R E O G R Á F I A O Z L
H R A Z V I K E G Y E L E M
O T Z Ő J C Z K C R M R P Ű
T E S T T A R T Á S O I A V
K L A S S Z I K U S Z T R É
K U L T U R Á L I S G M T S
B O L Y A X M P B L Á U N Z
É R Z E L E M L R L S S E E
P H A G Y O M Á N Y O S R T
```

AKADÉMIA
VIDÁM
MŰVÉSZET
KLASSZIKUS
KOREOGRÁFIA
TEST
KULTÚRA
KULTURÁLIS
ÉRZELEM
PRÓBA

KIFEJEZŐ
KEGYELEM
MOZGÁS
ZENE
TESTTARTÁS
RITMUS
PARTNER
HAGYOMÁNYOS
VIZUÁLIS

45 - Matemáticas

```
R  P  T  M  E  R  Ő  L  E  G  E  S  B  K
M  Á  É  S  Z  I  M  M  E  T  R  I  A  I
F  R  G  Z  U  E  P  A  G  G  K  N  O  T
P  H  L  Á  D  G  V  Z  Y  P  Ö  V  J  E
Ö  U  A  M  J  I  Á  E  E  O  R  M  M  V
S  Z  L  O  G  B  T  R  N  L  I  G  B  Ő
S  A  A  K  T  V  M  C  L  I  K  E  S  T
Z  M  P  T  Ö  G  É  S  E  G  L  O  Z  I
E  O  W  F  R  K  R  Z  T  O  F  M  Á  Z
G  S  H  Z  E  L  Ő  Ö  R  N  G  E  M  E
E  A  O  K  D  N  É  G  Y  Z  E  T  T  D
D  N  P  U  É  Y  W  E  S  Z  N  R  A  E
J  H  Z  K  K  T  X  K  D  A  S  I  N  S
K  E  R  Ü  L  E  T  A  F  Z  D  A  A  H
```

SZÁMTAN	SZÁMOK
SZÖGEK	PÁRHUZAMOS
NÉGYZET	KERÜLET
TIZEDES	MERŐLEGES
ÁTMÉRŐ	POLIGON
EGYENLET	SUGÁR
GÖMB	TÉGLALAP
KITEVŐ	SZIMMETRIA
TÖREDÉK	ÖSSZEG
GEOMETRIA	

46 - Restaurante #1

```
P  R  F  Z  M  G  O  K  K  É  S  P  A  P
U  N  S  O  E  J  T  K  E  N  Y  É  R  I
Z  G  K  O  N  Y  H  A  Á  J  H  N  C  N
E  N  N  I  Ü  B  Ú  N  J  V  U  Z  D  C
W  E  M  W  K  M  S  T  V  W  É  T  E  É
F  P  M  P  P  F  O  G  L  A  L  Á  S  R
Ű  P  J  Z  R  M  C  V  C  L  T  R  S  N
S  Z  A  L  V  É  T  A  S  L  Á  O  Z  Ő
Z  Z  U  U  N  I  Á  C  I  E  L  S  E  Z
E  U  Ó  J  S  R  N  J  R  R  L  L  R  Z
R  U  A  S  W  O  Y  W  K  G  K  U  T  E
E  G  M  P  Z  L  É  K  E  I  U  T  V  V
S  A  C  H  T  E  R  F  U  A  I  H  R  G
F  É  L  E  L  M  I  S  Z  E  R  Z  J  L
```

ALLERGIA
KÁVÉ
PÉNZTÁROS
PINCÉRNŐ
HÚS
KONYHA
ENNI
ÉLELMISZER
KÉS
MENÜ

KENYÉR
FŰSZERES
TÁNYÉR
CSIRKE
DESSZERT
FOGLALÁS
SZÓSZ
SZALVÉTA
TÁL

47 - Profesiones #2

```
P  I  L  Ó  T  A  E  G  A  F  E  S  T  Ő
L  Y  F  G  F  A  B  B  V  O  N  K  C  V
M  N  K  U  L  B  N  B  S  G  R  E  A  K
É  K  Ö  N  Y  V  T  Á  R  O  S  R  Ű  U
R  D  T  T  J  V  V  T  R  R  E  T  R  T
N  Y  E  L  V  É  S  Z  J  V  B  É  H  A
Ö  B  I  O  L  Ó  G  U  S  O  É  S  A  T
K  Ú  J  S  Á  G  Í  R  Ó  S  S  Z  J  Ó
O  R  V  O  S  O  V  Z  M  F  Z  X  Ó  N
I  L  L  U  S  Z  T  R  Á  T  O  R  S  P
N  Y  O  M  O  Z  Ó  C  M  P  G  T  M  D
F  E  L  T  A  L  Á  L  Ó  U  I  N  Ó  I
H  F  U  J  F  I  L  O  Z  Ó  F  U  S  S
Z  O  O  L  Ó  G  U  S  U  C  L  C  D  J
```

ŰRHAJÓS	FELTALÁLÓ
KÖNYVTÁROS	KUTATÓ
BIOLÓGUS	KERTÉSZ
SEBÉSZ	NYELVÉSZ
FOGORVOS	ORVOS
NYOMOZÓ	ÚJSÁGÍRÓ
FILOZÓFUS	PILÓTA
FOTÓS	FESTŐ
ILLUSZTRÁTOR	TANÁR
MÉRNÖK	ZOOLÓGUS

48 - Senderismo

```
T  Z  C  B  N  J  S  U  A  H  H  F  S  K
É  U  J  X  K  N  Y  Z  T  S  G  Y  Z  C
R  E  P  W  K  E  M  P  I  N  G  É  Ú  S
K  Ö  V  E  K  T  Z  I  Z  K  X  G  N  I
É  Ú  T  M  U  T  A  T  Ó  K  L  H  Y  Z
P  O  R  I  E  N  T  Á  C  I  Ó  A  O  M
P  A  R  K  O  K  W  L  W  L  C  J  G  A
S  V  J  R  P  E  J  L  U  A  H  L  O  N
E  Í  A  G  V  B  X  A  U  A  L  A  K  K
T  Z  P  D  N  A  P  T  N  S  A  T  N  B
N  N  R  W  J  H  U  O  R  E  M  I  S  L
F  Á  R  A  D  T  D  K  N  G  H  E  G  Y
E  L  Ő  K  É  S  Z  Í  T  É  S  É  M  B
T  E  R  M  É  S  Z  E  T  H  F  M  Z  L
```

SZIKLA	SZÚNYOGOK
VÍZ	TERMÉSZET
ÁLLATOK	ORIENTÁCIÓ
CSIZMA	PARKOK
KEMPING	NEHÉZ
FÁRADT	KÖVEK
ÉGHAJLAT	ELŐKÉSZÍTÉS
ÚTMUTATÓK	VAD
TÉRKÉP	NAP
HEGY	

49 - Naturaleza

```
K Ö D D S X S T K W P Z O J
F G Y E Z M A T J P T P F B
B N Y R É E R Ó Z I Ó C V H
P A R Ű P R K Y J F J B A P
S S H S S I V A T A G É D F
I Z P V É D I N A M I K U S
X O E C G L D B R K G É H E
Á M E N E D É K N V E S K M
L P R K T J K F O L Y Ó R É
L A D C F É I F E L H Ő K H
A V Ő S R G L E C C S E R E
T N I A W D E Y Z C T O U K
O E H Z O N L O M B O Z A T
K S N B I T T R Ó P U S I C
```

MÉHEK	KÖD
ÁLLATOK	FELHŐK
SARKVIDÉKI	BÉKÉS
SZÉPSÉG	MENEDÉK
ERDŐ	FOLYÓ
SIVATAG	VAD
DINAMIKUS	SZENTÉLY
ERÓZIÓ	DERŰS
LOMBOZAT	TRÓPUSI
GLECCSER	

50 - Vacaciones #1

```
B Ú T V O N A L B U R M I T
D Ő K J X S Y R V V K E N U
U L R E P Ü L Ő G É P N D R
X P T Ö U C J E G Y E N U I
V Á M D N H D X S K E I L S
I C K H I D U P G E I M Á T
L D U H Z X J E A P R N S A
L Y D G R E T D X T E N S W
A W E G A L H Í E V B L Y D
M Ú Z E U M C C B L D K D Ő
O G F V T Y V I Ú S Z N I L
S C P W Ó F H Ó Z K L I F T
V A L U T A H Á T I Z S Á K
K I K A P C S O L Ó D Á S R
```

VÁM	HÁTIZSÁK
REPÜLŐGÉP	VALUTA
JEGY	MÚZEUM
AUTÓ	ÚSZNI
EXPEDÍCIÓ	ESERNYŐ
MENNI	KIKAPCSOLÓDÁS
ÚTVONAL	INDULÁS
TÓ	VILLAMOS
BŐRÖND	TURISTA

51 - Conduciendo

```
S  B  G  R  F  A  S  M  F  N  J  G  Y  B
E  Y  Y  O  O  L  Z  O  R  É  N  H  T  I
B  M  A  P  R  A  Á  T  E  E  K  V  É  Z
E  M  L  P  G  G  L  O  N  N  L  E  R  T
S  B  O  N  A  Ú  L  R  D  G  K  S  K  O
S  I  G  T  L  T  Í  K  Ő  E  Z  Z  É  N
É  Z  O  F  O  L  T  E  R  D  V  É  P  S
G  N  S  N  M  R  Á  R  S  É  D  L  Z  Á
K  A  M  I  O  N  S  É  É  L  V  Y  O  G
G  G  A  R  Á  Z  S  K  G  Y  A  U  T  Ó
F  Á  G  M  A  N  P  P  U  T  C  A  B  W
I  X  Z  V  W  I  G  Á  G  K  K  D  P  R
B  A  L  E  S  E  T  R  J  B  Z  X  E  O
Ü  Z  E  M  A  N  Y  A  G  K  P  W  A  Z
```

BALESET   MOTORKERÉKPÁR
UTCA   MOTOR
KAMION   GYALOGOS
AUTÓ   VESZÉLY
ÜZEMANYAG   RENDŐRSÉG
FÉKEK   BIZTONSÁG
GARÁZS   SZÁLLÍTÁS
GÁZ   FORGALOM
ENGEDÉLY   ALAGÚT
TÉRKÉP   SEBESSÉG

52 - Ballet

```
S Z K I B L B G C C Z I P T
T B E I Z X K Y F Y K N R Á
Í E O N F M W Y X M É T Ó N
L Z I U E E O T A P S E B C
U P W K T K J K M P Z N A O
S T F T Y Ö A E B X S Z G S
Z E N E S Z E R Z Ő É I Y O
Z C R A O Ö H B W Ő G T A K
E H I R H N W F Y C J Á K Z
N N T L I S S Z Ó L Ó S O G
E I M Ű V É S Z I E K L R V
B K U N U G E S Z T U S L G
B A S B A L E R I N A K A C
K O R E O G R Á F I A S T K
```

TAPS	GESZTUS
MŰVÉSZI	KÉSZSÉG
KÖZÖNSÉG	INTENZITÁS
BALERINA	IZMOK
TÁNCOSOK	ZENE
ZENESZERZŐ	ZENEKAR
KOREOGRÁFIA	GYAKORLAT
PRÓBA	RITMUS
STÍLUS	SZÓLÓ
KIFEJEZŐ	TECHNIKA

53 - Aventura

```
Ú  V  N  Ú  M  E  G  L  E  P  Ő  K  B  S
J  A  F  C  T  F  W  H  G  V  S  I  I  Z
H  V  H  R  R  V  G  X  E  E  Z  R  Z  É
Z  N  Ö  G  R  L  O  N  M  S  O  Á  T  P
B  A  R  Á  T  O  K  N  A  Z  K  N  O  S
Á  V  Ö  I  R  N  J  E  A  É  A  D  N  É
T  I  M  A  A  K  Y  H  L  L  T  U  S  G
O  G  E  V  C  C  D  É  S  Y  L  L  Á  P
R  Á  T  T  G  C  P  Z  R  E  A  Á  G  G
S  C  F  J  U  P  F  S  O  S  N  S  H  Y
Á  I  X  E  L  Ő  K  É  S  Z  Í  T  É  S
G  Ó  F  W  I  K  L  G  G  K  B  A  F  W
T  E  V  É  K  E  N  Y  S  É  G  I  P  J
T  E  R  M  É  S  Z  E  T  P  G  G  X  R
```

TEVÉKENYSÉG	TERMÉSZET
ÖRÖM	NAVIGÁCIÓ
BARÁTOK	ÚJ
SZÉPSÉG	VESZÉLYES
NEHÉZSÉG	ELŐKÉSZÍTÉS
KIRÁNDULÁS	BIZTONSÁG
SZOKATLAN	MEGLEPŐ
ÚTVONAL	BÁTORSÁG

54 - Pájaros

```
K  S  A  S  L  P  L  B  B  G  V  C  L  A
A  W  L  I  I  U  I  O  S  Ó  E  S  D  E
C  O  A  O  C  H  B  G  H  L  R  I  G  E
S  E  H  M  F  P  A  N  E  Y  É  R  A  V
A  S  S  S  B  E  P  T  S  A  B  K  L  A
L  R  O  O  E  L  F  U  T  T  I  E  A  R
Z  O  C  V  S  I  R  Á  L  Y  R  J  M  J
K  A  K  U  K  K  C  H  A  L  Ú  U  B  Ú
G  T  L  D  M  Á  T  U  K  Á  N  B  C  H
M  Y  O  A  B  N  P  I  N  G  V  I  N  C
G  U  I  J  F  L  A  M  I  N  G  Ó  N  K
E  M  H  G  Á  G  T  R  U  L  É  U  E  M
R  Z  L  S  Z  S  Ó  L  Y  O  M  Z  C  X
C  E  E  B  F  I  P  A  P  A  G  Á  J  Z
```

STRUCC	VERÉB
SAS	SÓLYOM
GÓLYA	TOJÁS
HATTYÚ	PAPAGÁJ
KAKUKK	GALAMB
VARJÚ	KACSA
FLAMINGÓ	PELIKÁN
LIBA	PINGVIN
GÉM	CSIRKE
SIRÁLY	TUKÁN

55 - Playa

```
S  Z  I  G  E  T  A  T  N  I  V  R  J  V
Z  Ó  B  C  A  X  L  Ö  E  I  L  N  H  Ú
A  C  X  P  D  A  K  R  L  N  A  R  P  S
N  E  J  O  X  P  K  Ü  Y  Y  G  E  P  Z
D  Á  S  U  U  A  L  L  S  A  Ú  E  A  N
Á  N  M  E  N  Z  L  K  K  R  N  R  R  I
L  V  R  Y  R  A  L  Ö  I  A  A  P  T  N
H  Z  Á  A  E  N  Z  Z  S  L  N  A  P  X
W  O  K  É  K  E  Y  Ő  B  Á  O  M  Z  G
W  H  M  Z  H  E  K  Ő  D  S  U  S  D  F
V  P  L  O  Z  S  Z  Á  T  O  N  Y  H  F
E  M  Z  N  K  C  J  W  M  L  C  J  A  Y
V  I  T  O  R  L  Á  S  Z  R  N  V  J  B
R  A  L  U  C  S  H  S  S  O  Y  I  Ó  F
```

HOMOK	ÚSZNI
ZÁTONY	ÓCEÁN
KÉK	ESERNYŐ
HAJÓ	SZANDÁL
RÁK	NAP
PART	TÖRÜLKÖZŐ
SZIGET	NYARALÁS
LAGÚNA	VITORLÁS
TENGER	

56 - Surf

```
R  J  J  D  Y  V  Y  V  F  B  M  L  U  E
Y  R  T  V  S  B  G  Y  O  M  O  R  K  W
Z  Y  Y  G  T  T  Ö  M  E  G  Ó  M  E  C
V  N  Z  N  Í  Ú  O  X  Y  Y  C  H  Z  B
M  S  Z  É  L  S  Ő  S  É  G  E  S  D  A
Ó  A  K  P  U  Z  H  U  L  L  Á  M  Ő  J
K  T  V  S  S  N  Á  S  D  U  N  P  I  N
A  L  R  Z  S  I  S  T  P  R  W  P  D  O
I  É  U  E  R  Ő  T  B  O  R  C  S  Ő  K
A  T  F  R  D  N  S  R  P  N  A  I  J  L
H  A  B  Ű  S  T  R  A  N  D  Y  Y  Á  T
S  E  B  E  S  S  É  G  E  Z  K  F  R  V
R  S  U  K  J  V  O  P  J  G  O  S  Á  X
X  L  V  M  X  A  I  M  R  I  F  H  S  P
```

ZÁTONY	TÖMEG
ATLÉTA	ÚSZNI
BAJNOK	ÓCEÁN
IDŐJÁRÁS	HULLÁM
MÓKA	STRAND
HAB	NÉPSZERŰ
STÍLUS	KEZDŐ
GYOMOR	SPRAY
SZÉLSŐSÉGES	SEBESSÉG
ERŐ	

57 - Geografía

```
T  E  N  G  E  R  J  V  I  D  É  K  S  S
H  E  G  Y  J  E  H  A  F  O  L  Y  Ó  Z
D  É  L  S  G  M  I  W  T  N  G  C  X  É
H  O  S  S  Z  Ú  S  Á  G  L  O  Z  J  L
M  L  E  V  V  K  Y  S  A  P  A  T  J  E
K  A  F  R  Á  H  Y  R  Z  V  F  S  P  S
O  M  G  O  R  S  Z  Á  G  I  G  W  Z  S
N  E  T  A  O  M  I  F  X  L  G  V  H  É
T  R  É  É  S  Z  A  K  J  Á  Y  E  F  G
I  I  R  G  K  S  N  Y  U  G  A  T  T  L
N  D  K  W  B  Z  Á  O  X  T  D  X  R  O
E  I  É  M  E  X  P  G  B  J  Y  A  M  U
N  Á  P  S  W  I  F  É  L  T  E  K  E  K
S  N  T  E  R  Ü  L  E  T  F  J  X  A  I
```

MAGASSÁG	MERIDIÁN
ATLASZ	HEGY
VÁROS	VILÁG
KONTINENS	ÉSZAK
FÉLTEKE	NYUGAT
SZIGET	ORSZÁG
SZÉLESSÉG	VIDÉK
HOSSZÚSÁG	FOLYÓ
TÉRKÉP	DÉL
TENGER	TERÜLET

58 - Deportes

```
C A K N R S U G J U H Y B J
T E N I S Z H O K I D G A Á
O Ú S Z N I D L W Y I R S T
R L X A J B Y F A S N G E É
N S S C L Á E I Z N I U B K
A T L É T A T J Á T É K A V
E A G X U Z O É I Y T M L E
D D P Y T Z W I K K N O L Z
Z I P M Ő J U B D O S Z C E
Ő O L X S Z X H K Y S G S T
C N B Y K M T V G Z X Á A Ő
U Z S D B A J E Y U K S P P
K E R É K P Á R S G J J A L
K O S Á R L A B D A M L T H
```

ATLÉTA	TORNA
JÁTÉKVEZETŐ	GOLF
KOSÁRLABDA	HOKI
BASEBALL	JÁTÉK
KERÉKPÁR	JÁTÉKOS
EDZŐ	MOZGÁS
CSAPAT	ÚSZNI
STADION	TENISZ
GYŐZTES	

59 - Actividades

```
Ö  G  J  E  Y  F  D  O  K  L  K  V  É  K
K  R  I  G  S  S  E  S  G  L  É  A  R  I
F  F  Ö  D  R  U  T  S  L  K  S  R  D  K
O  B  L  M  Á  G  I  A  T  M  Z  R  E  A
M  E  O  B  R  L  P  W  O  M  S  Á  K  P
E  Ű  L  K  E  R  Á  M  I  A  É  S  E  C
T  E  V  É  K  E  N  Y  S  É  G  N  K  S
H  T  A  É  J  Á  T  É  K  O  K  C  Y  O
L  T  S  X  S  Z  A  B  A  D  I  D  Ő  L
X  N  Á  I  K  Z  T  Ú  R  Á  Z  Á  S  Ó
Y  K  S  W  F  B  E  L  S  B  R  G  E  D
H  A  L  Á  S  Z  A  T  X  A  X  E  D  Á
K  E  R  T  É  S  Z  K  E  D  É  S  H  S
M  R  E  J  T  V  É  N  Y  E  K  W  L  U
```

TEVÉKENYSÉG	MÁGIA
MŰVÉSZET	SZABADIDŐ
KERÁMIA	HALÁSZAT
VARRÁS	FESTMÉNY
KÉSZSÉG	ÖRÖM
ÉRDEKEK	KIKAPCSOLÓDÁS
KERTÉSZKEDÉS	REJTVÉNYEK
JÁTÉKOK	TÚRÁZÁS
OLVASÁS	

60 - Verduras

```
H N G F T W U B O R K A B G
B U R G O N Y A O T Ö K R Y
F E H É R R É P A R Z X O Ö
H A G Y M A Y K K K S G K M
H N L P X C N W G E P Ó K B
A Z P S A L Á T A E E Z O É
G O M B A R K W R S N O L R
G W V U L W A T R X Ó V I E
R I H O Z D H D B Z T E B S
Z E L L E R M C I L O R X R
A R T I C S Ó K A C P W O F
I F M E A S W W Z O S E N T
V X F O K H A G Y M A O L Z
P A D L I Z S Á N D Z K M U
```

FOKHAGYMA	BORSÓ
ARTICSÓKA	GYÖMBÉR
ZELLER	FEHÉRRÉPA
PADLIZSÁN	BURGONYA
BROKKOLI	UBORKA
TÖK	RETEK
HAGYMA	GOMBA
SALÁTA	PARADICSOM
SPENÓT	

61 - Instrumentos Musicales

```
C W W H A R M O N I K A Z C
G I T Á R V J C Y S F L O S
D Y Z M T H S S D B P G N E
K D O B R E Á Ö M H R O G L
V L D F O G A R K V S N O L
V I A K M E B G F T W G R Ó
M M B R B D L Ő V A T V A H
A A E W I Ű N D F U V O L A
R F N R T N A O U Y X U D R
I A D D A D É B E Z Z V F S
M G Z D O N D T K R X H X O
B O S K I L S Z A X O F O N
A T Ó A X N I C T C L B S A
P T I W C U H N C S O B O A
```

HARMONIKA	OBOA
HÁRFA	CSÖRGŐDOB
BENDZSÓ	ZONGORA
KLARINÉT	SZAXOFON
FAGOTT	DOB
FUVOLA	HARSONA
GONG	TROMBITA
GITÁR	HEGEDŰ
MANDOLIN	CSELLÓ
MARIMBA	

62 - Escalada

```
J N S N G L K E S K E N Y F
T Ú R Á Z Á S S Z Í R L E I
C W J K Z S T É A V Ő É L Z
H S I É Y I A R K Á Y G T I
S E I P A S B Ü É N N K C K
X S R Z W A I L R C W Ö L A
J H N É M K L É T S N R N I
E S B S D A I S Ő I P M O K
T É R K É P T K E S Z T Y Ű
A X X B T S Á G E Á T X N U
W N M A G A S S Á G E V A O
Ú T M U T A T Ó K U R B N M
B A R L A N G T P M E Z M A
Z K P I H X M P L L P T R R
```

MAGASSÁG	FIZIKAI
LÉGKÖR	KÉPZÉS
CSIZMA	ERŐ
SISAK	KESZTYŰ
BARLANG	ÚTMUTATÓK
KÍVÁNCSISÁG	SÉRÜLÉS
STABILITÁS	TÉRKÉP
KESKENY	TÚRÁZÁS
SZAKÉRTŐ	TEREP

63 - Mascotas

```
V M S C K E K E C S K E H O
M A H K I C G A L L É R A D
B C Ö X S C O É V P D F L E
K S R L K Y A B R E Ó A I H
U K C Z U O U L W X L R J V
T A S X T T E K N Ő S O Á Í
Y O Ö G Y Í K K K E J K P Z
A W G M A N C S O K T I A J
R É L E L M I S Z E R A P E
O T E H É N A K H R M E A Z
K W U S P Y M L N H D I G R
U F V D C Ú T V V H B V Á C
U C B S O L T A H H K D J O
Á L L A T O R V O S S U J P
```

VÍZ	HÖRCSÖG
KECSKE	GYÍK
KISKUTYA	PAPAGÁJ
FAROK	MANCSOK
GALLÉR	KUTYA
ÉLELMISZER	HAL
NYÚL	EGÉR
PÓRÁZ	TEKNŐS
CICA	TEHÉN
MACSKA	ÁLLATORVOS

64 - Formas

```
Y  D  K  S  W  N  R  F  F  I  H  B  O  T
T  É  G  L  A  L  A  P  Y  N  E  L  K  W
O  É  R  J  W  R  P  B  Z  M  N  S  N  S
H  L  D  N  S  V  O  N  A  L  G  R  N  M
I  E  D  L  A  Y  L  K  E  R  E  K  É  J
P  K  K  A  P  R  I  Z  M  A  R  Y  G  K
E  F  Ö  I  L  Y  G  Ö  M  B  D  I  Y  Ú
R  Z  R  H  Á  R  O  M  S  Z  Ö  G  Z  P
B  D  Í  O  B  T  N  K  O  C  K  A  E  I
O  U  V  V  U  B  R  K  T  K  A  L  T  R
L  R  F  B  U  L  L  H  X  A  V  A  W  A
A  R  I  G  C  Y  U  C  S  D  C  R  K  M
O  V  Á  L  I  S  P  L  G  I  T  Y  H  I
E  L  L  I  P  S  Z  I  S  P  O  T  O  S
```

ÍV	HIPERBOLA
ÉLEK	OLDAL
HENGER	VONAL
KÖR	OVÁLIS
KÚP	PIRAMIS
NÉGYZET	POLIGON
KOCKA	PRIZMA
ELLIPSZIS	TÉGLALAP
GÖMB	KEREK
SAROK	HÁROMSZÖG

65 - Flores

```
P N M A T L B S C H A V K M
I A A N U E W Z Z A M I Ö M
T P G F L V U Á A L O N R Á
Y R N C I E R Z B V R G Ö K
P A Ó R P N X S A Á C A M H
A F L Ó Á D F Z Z N H R V I
N O I Z N U C O S Y I D I B
G R A S K L K R A L D É R I
B G U A K A C S R I E N Á S
L Ó H E R E S Z Ó L A I G Z
S Z I R O M O É Z A N A M K
L I L I O M K P S V L F C U
J Á Z M I N O J A X X V S S
D U E N N Á R C I S Z A T Z
```

MÁK	MAGNÓLIA
KÖRÖMVIRÁG	SZÁZSZORSZÉP
PITYPANG	NÁRCISZ
GARDÉNIA	ORCHIDEA
NAPRAFORGÓ	BAZSARÓZSA
HIBISZKUSZ	SZIROM
JÁZMIN	CSOKOR
LEVENDULA	RÓZSA
HALVÁNYLILA	LÓHERE
LILIOM	TULIPÁN

66 - Astronomía

```
C C V O Y P É K K M I L C F
J S P B M S U G Á R Z Á S O
L D I O F Ű T Á V C S Ő I G
M F Ö L D R T O K D R A L Y
S J F Y L H G R I Y P S L A
K Z C G R A K É T A G Z A T
O K U Ó E J G C X C G T G K
Z Ö P P M Ó E K X I G E Á O
M D D I E S N J É T H R S Z
O F K K T R J V A P O O Z Á
S O K A E U N X V P L I U S
Z L U U O O X Ó X F D D P H
D T I E R A A G V E M A B W
M Ű H O L D G A L A X I S T
```

ASZTEROIDA	HOLD
ŰRHAJÓS	METEOR
CSILLAGÁSZ	KÖDFOLT
ÉG	BOLYGÓ
RAKÉTA	SUGÁRZÁS
CSILLAGKÉP	MŰHOLD
KOZMOSZ	SZUPERNÓVA
FOGYATKOZÁS	TÁVCSŐ
GALAXIS	FÖLD

67 - Tiempo

```
Y I H L I K C M F D U P G S
J R K É J S Z A K A N I M D
U C O K B L H R S O D L T F
B E X M U C Y U L O R L M P
I B C O H Ó N A P F C A W E
É V E S N R E G G E L N I R
P M L T Y A J Z É V C A F C
T E Ő K D V P Ö H É T T C X
E X T U É N D É V T I Z E D
F U T E L A Y G B Ő F X S L
T E G N A P T Z N X Z W V L
V X C A S T W E U D A H X H
D R H S Z Á Z A D W J D M L
C R S S U R B R U Y Z H F I
```

MOST	MA
ELŐTT	REGGEL
ÉVES	DÉL
ÉV	HÓNAP
TEGNAP	PERC
NAPTÁR	PILLANAT
ÉVTIZED	ÉJSZAKA
NAP	HÉT
JÖVŐ	SZÁZAD
ÓRA	KORAI

68 - Paisajes

```
S  Z  I  G  E  T  X  I  T  V  G  O  J  A
X  I  B  A  R  L  A  N  G  Í  V  W  T  V
O  Y  V  T  U  F  É  L  S  Z  I  G  E  T
L  O  J  A  F  O  L  Y  Ó  E  Y  A  N  O
G  A  Y  X  T  C  M  O  C  S  Á  R  G  R
E  T  G  Z  T  A  F  S  J  É  U  U  E  K
J  N  T  Ú  M  J  G  O  R  S  N  U  R  O
Z  K  P  Ó  N  S  T  R  A  N  D  T  Z  L
Í  O  S  V  T  A  I  A  T  U  N  D  R  A
R  I  C  R  T  O  Á  Z  I  S  P  G  Y  T
V  Ö  L  G  Y  J  É  G  H  E  G  Y  N  P
G  L  E  C  C  S  E  R  E  I  A  G  U  R
V  U  L  K  Á  N  B  T  G  Y  D  O  T  A
Z  J  B  Z  B  A  J  N  Y  G  U  A  C  M
```

VÍZESÉS	TENGER
BARLANG	HEGY
SIVATAG	OÁZIS
TORKOLAT	MOCSÁR
GEJZÍR	FÉLSZIGET
GLECCSER	STRAND
JÉGHEGY	FOLYÓ
SZIGET	TUNDRA
TÓ	VÖLGY
LAGÚNA	VULKÁN

69 - Días y Meses

```
X  S  J  Á  T  Y  J  A  A  C  U  E  W  G
H  Z  S  P  J  Ú  L  I  U  S  U  U  M  L
N  E  T  R  F  Y  C  P  G  D  Z  L  V  L
N  P  H  I  E  C  M  B  U  C  K  V  H  J
A  T  K  L  B  M  S  R  S  Z  E  R  D  A
P  E  E  I  R  T  Z  Ü  Z  K  I  I  S  P
T  M  D  S  U  O  O  K  T  Ó  B  E  R  É
Á  B  D  D  Á  C  M  H  U  Ö  N  H  U  N
R  E  T  P  R  G  B  Ó  S  D  R  É  P  T
Y  R  D  M  Z  J  A  N  U  Á  R  T  X  E
É  R  Z  C  B  X  T  A  C  Y  P  N  Ö  K
V  A  S  Á  R  N  A  P  A  H  Y  Z  U  K
N  O  V  E  M  B  E  R  J  Ú  N  I  U  S
H  E  C  D  M  H  H  É  T  F  Ő  W  X  A
```

ÁPRILIS	HÉTFŐ
AUGUSZTUS	KEDD
ÉV	HÓNAP
NAPTÁR	SZERDA
VASÁRNAP	NOVEMBER
JANUÁR	OKTÓBER
FEBRUÁR	SZOMBAT
CSÜTÖRTÖK	HÉT
JÚLIUS	SZEPTEMBER
JÚNIUS	PÉNTEK

70 - Chocolate

```
K  P  K  F  Ö  Z  N  E  E  L  P  S  D  E
A  O  Ó  E  S  J  F  O  E  U  D  M  G  G
L  R  K  O  S  K  A  K  A  Ó  D  J  Í  Z
Ó  E  U  P  Z  E  M  I  N  Ő  S  É  G  O
R  C  S  U  E  D  R  R  T  L  B  R  A  T
I  E  Z  I  T  V  X  Ű  I  Y  V  D  U  I
A  P  D  G  E  E  A  R  O  M  A  R  S  K
E  T  I  T  V  N  F  Z  X  K  E  W  Y  U
F  C  Ó  E  Ő  C  N  G  I  G  H  D  V  S
I  É  F  G  H  U  P  I  D  X  E  A  S  C
N  N  D  X  M  K  Z  C  Á  E  B  O  I  A
O  S  S  E  F  O  Y  C  N  G  U  S  V  D
M  K  N  B  S  R  N  K  S  S  A  G  U  A
K  A  R  A  M  E  L  L  Y  Z  D  G  M  Y
```

KESERŰ	ENNI
ANTIOXIDÁNS	FINOM
AROMA	ÉDES
CUKOR	EGZOTIKUS
KAKAÓ	KEDVENC
MINŐSÉG	ÍZ
KALÓRIA	ÖSSZETEVŐ
KARAMELL	POR
KÓKUSZDIÓ	RECEPT

71 - Barbacoas

```
Z H A G Y M A D T X Z O P H
J E B O R S Z Ó S Z Z R S Ó
A Á N B Z A X T A V M C A C
P V T E B É D D G X D N L S
L A K É S E K S Y J O Y Á I
F C R F K N R G Ü W H Á T R
K S F A Y O X J M I V R Á K
S O J C D E K E Ö M U L K E
B R J N K I W T L G R I L L
X A T P L B C W C S A L Á D
É H S É G Z O S S M T Y B U
P E B C P X R F O R R Ó Z Y
G Y E R M E K E K M N C Y M
Z Ö L D S É G E K F N E A G
```

EBÉD	ZENE
FORRÓ	GYERMEKEK
HAGYMA	GRILL
VACSORA	BORS
KÉSEK	CSIRKE
SALÁTÁK	SÓ
CSALÁD	SZÓSZ
GYÜMÖLCS	PARADICSOM
ÉHSÉG	NYÁR
JÁTÉKOK	ZÖLDSÉGEK

72 - Ropa

```
D V A B H P N A D R Á G L Y
L K E S Z T Y Ű R U H A B S
X A K Z K H A C C S Y Y A R
I L K A H L K A B Á T H P E
K A I N G F L Ö K L H R L I
P P R D Ö A Á D T U R W V D
I U M Á S V N I D É B L Ú Z
Z K L L E C C V E K N F H S
S K S Ó D W I A B S M Y W E
A U K W V T P T H Z V D L K
M H R A O E Ő N V E J D Y I
A I V N M A R K A R K Ö T Ő
H S Z O K N Y A T E G N A J
F B A F E A C O R K W A S R
```

KABÁT	ÉKSZEREK
BLÚZ	DIVAT
SÁL	NADRÁG
ING	PIZSAMA
DZSEKI	KARKÖTŐ
ÖV	SZANDÁL
NYAKLÁNC	KALAP
KÖTÉNY	PULÓVER
SZOKNYA	RUHA
KESZTYŰ	CIPŐ

73 - Meditación

```
E  J  Y  X  R  L  B  Z  E  A  T  G  E  N
G  L  Z  E  N  E  É  B  A  P  E  O  G  Y
M  I  F  R  H  E  K  G  R  G  R  N  Y  U
E  R  T  O  D  M  E  B  Z  S  M  D  Ü  G
G  W  R  V  G  N  E  Z  U  É  É  O  T  O
F  Y  M  I  K  A  E  L  M  E  S  L  T  D
I  I  B  V  E  X  D  J  C  S  Z  A  É  T
G  W  G  D  D  P  H  Á  L  A  E  T  R  C
Y  V  E  Y  V  R  D  D  S  V  T  O  Z  S
E  O  P  M  E  N  T  Á  L  I  S  K  É  E
L  T  E  T  S  L  Z  C  F  W  W  W  S  N
É  P  E  R  S  P  E  K  T  Í  V  A  I  D
S  F  I  O  É  U  S  M  O  Z  G  Á  S  E
V  I  L  Á  G  O  S  S  Á  G  W  L  Z  K
```

ELFOGADÁS

FIGYELEM

KEDVESSÉG

NYUGODT

VILÁGOSSÁG

EGYÜTTÉRZÉS

HÁLA

MENTÁLIS

ELME

MOZGÁS

ZENE

TERMÉSZET

MEGFIGYELÉS

BÉKE

GONDOLATOK

PERSPEKTÍVA

LÉGZÉS

CSEND

74 - Libros

```
T B N M P K K S R T V S B V
A Í A R Y G A O E Ö I E M W
L G R R D Y L L G R N S R B
Á M R O F Ű A D É T A O N S
L O Á P T J N A N É V R L I
É I T K L T D L Y N V O M E
K R O Ö A E I S Z E R Z Ő D
O O R L H M P D O L V A S Ó
N D N T R É F Á S M C T P U
Y A C É K N M I D I K A W U
G L T S P Y T R A G I K U S
I M T Z H K E T T Ő S S É G
H I D E V O N A T K O Z Ó T
E H B T Ö R T É N E T N T K
```

SZERZŐ	IRODALMI
KALAND	NARRÁTOR
GYŰJTEMÉNY	REGÉNY
KETTŐSSÉG	OLDAL
ÍROTT	IDE VONATKOZÓ
TÖRTÉNET	VERS
TÖRTÉNELMI	KÖLTÉSZET
TRÉFÁS	SOROZAT
TALÁLÉKONY	TRAGIKUS
OLVASÓ	

75 - Nutrición

```
É  F  S  Z  É  N  H  I  D  R  Á  T  O  K
S  T  E  M  S  R  M  I  N  Ő  S  É  G  U
A  V  V  H  Y  Z  S  I  T  F  Z  Ú  N  A
Z  B  U  Á  É  X  R  V  O  K  O  E  L  V
N  J  I  B  G  R  S  X  X  M  K  M  E  Y
M  D  T  C  R  Y  J  A  I  B  Á  É  R  W
K  A  L  Ó  R  I  A  É  N  V  S  S  J  M
E  H  E  T  Ő  J  E  C  K  X  O  Z  E  Í
G  A  B  O  N  A  F  É  L  É  K  T  S  Z
T  Á  P  A  N  Y  A  G  L  I  E  É  Z  D
E  G  É  S  Z  S  É  G  E  S  S  T  I
S  Z  Ó  S  Z  F  A  A  G  I  E  C  É  É
E  G  É  S  Z  S  É  G  A  X  R  V  S  T
V  I  T  A  M  I  N  J  N  K  Ű  C  E  A
```

KESERŰ	SZOKÁSOK
ÉTVÁGY	TÁPANYAG
MINŐSÉG	SÚLY
KALÓRIA	FEHÉRJÉK
SZÉNHIDRÁTOK	ÍZ
GABONAFÉLÉK	SZÓSZ
EHETŐ	EGÉSZSÉG
DIÉTA	EGÉSZSÉGES
EMÉSZTÉS	TOXIN
ERJESZTÉS	VITAMIN

76 - Edificios

```
V G A Z D A S Á G G J V J R
J J C B P O V G Y L T L R L
Y J N S Z Í N H Á Z B W N A
W G M Ú Z E U M R Y V Y K B
S Z Á L L Ó E G Y E T E M O
N A G Y K Ö V E T S É G P R
R G S K A B I N L P A J T A
L K A Ó L L Z S L A F F O T
J V Á R F M A Z T T A F R Ó
T X B H Á O I H S A M A O R
L A K Á S Z Á L L O D A N I
V P S Z C I S K O L A I Y U
S Z U P E R M A R K E T E T O M
R R R U A R L Z M T X C N N
```

SZÁLLÓ	PAJTA
LAKÁS	GAZDASÁG
KABIN	KÓRHÁZ
VÁR	SZÁLLODA
MOZI	LABORATÓRIUM
NAGYKÖVETSÉG	MÚZEUM
ISKOLA	SZUPERMARKET
STADION	SZÍNHÁZ
GYÁR	TORONY
GARÁZS	EGYETEM

77 - Océano

```
X J Y W T A L Z L X I X H J
T I P L E K K V M E L X A I
R X W Y K E M S V I S B L Y
H U Z R N K F V G M X K D N
A B A K Ő P J M F H J V E K
J L Á O S Z T R I G A I L O
Ó C G L Ó Á P M G O D H F R
A Á C A N R O J E M H A I A
H P K F S A L O H D K R N L
D A R Á K P I H J X Ú R W L
M H A M O Á P R V L L Z U S
G A R N É L A R Á K B C A Z
Z Á T O N Y T O N H A L R V
A N G O L N A S Z I V A C S
```

ALGA	SZIVACS
ANGOLNA	ÁRAPÁLY
ZÁTONY	MEDÚZA
TONHAL	OSZTRIGA
BÁLNA	HAL
HAJÓ	POLIP
GARNÉLARÁK	SÓ
RÁK	CÁPA
KORALL	VIHAR
DELFIN	TEKNŐS

78 - Ciudad

```
K  B  E  G  A  L  É  R  I  A  T  O  J  V
Ö  O  G  Y  P  É  K  S  É  G  R  H  N  I
N  L  Y  Ó  M  I  S  J  K  M  O  Z  I  R
Y  T  E  G  Ú  K  A  Z  Y  D  J  P  S  Á
V  S  T  Y  Z  Ö  B  C  Í  P  E  A  K  G
E  Z  E  S  E  N  O  N  Z  N  X  I  O  Á
S  Á  M  Z  U  Y  B  A  N  K  H  S  L  R
B  L  A  E  M  V  R  T  V  T  E  Á  A  U
O  L  C  R  S  T  A  D  I  O  N  Y  Z  S
L  O  C  T  Y  Á  L  L  A  T  K  E  R  T
T  D  Z  Á  O  R  C  S  C  P  G  K  W  V
P  A  R  R  R  E  P  Ü  L  Ő  T  É  R  W
S  Z  U  P  E  R  M  A  R  K  E  T  P  Z
T  K  N  X  K  L  I  N  I  K  A  P  H  J
```

REPÜLŐTÉR	SZÁLLODA
BANK	KÖNYVESBOLT
KÖNYVTÁR	PIAC
MOZI	MÚZEUM
KLINIKA	PÉKSÉG
ISKOLA	SZUPERMARKET
STADION	SZÍNHÁZ
GYÓGYSZERTÁR	BOLT
VIRÁGÁRUS	EGYETEM
GALÉRIA	ÁLLATKERT

79 - Conservación

```
É G H A J L A T A C M D K G
U P S P Y É L Ő H E L Y W C
R K X T K Ö R N Y E Z E T I
C T E R M É S Z E T E S D K
O Ö K O S Z I S Z T É M A L
E K C S Ö K K E N T É S O U
I D T Y S Z E N N Y E Z É S
Ú J R A H A S Z N O S Í T Z
F E N N T A R T H A T Ó C E
V L K C F Á S K D L J W B R
Í T O Z P E S Z T I C I D V
Z X M C I Z T M Ö F U I J E
E G É S Z S É G B L Z O L S
V Á L T O Z Á S O K D D W O
```

VÍZ	TERMÉSZETES
KÖRNYEZETI	SZERVES
VÁLTOZÁSOK	PESZTICID
CIKLUS	ÚJRAHASZNOSÍT
ÉGHAJLAT	CSÖKKENTÉS
SZENNYEZÉS	EGÉSZSÉG
ÖKOSZISZTÉMA	FENNTARTHATÓ
OKTATÁS	ZÖLD
ÉLŐHELY	

80 - Exploración

```
K I M E R Ü L T S É G S K T
M V W P J N D Á Y A F B U A
E E G D J P F V T F J L L N
G S M V B Á T O R S Á G T U
H Z O I Z G A L O M L K Ú L
A É Y S N L H I Z A L E R N
T L C M N Y F V D V A D Á I
Á Y U E C T E U H F T S K C
R E S R A Ú V L F R O É Y V
O S W E E J I G V J K P R Z
Z F K T E R E P U T A Z Á S
Á E C L F E L F E D E Z É S
S S T E V É K E N Y S É G J
R G L N I L U R S T X V D V
```

TEVÉKENYSÉG	TÁVOLI
KIMERÜLTSÉG	IZGALOM
ÁLLATOK	TÉR
TANULNI	NYELV
BÁTORSÁG	ÚJ
KULTÚRÁK	VESZÉLYES
ISMERETLEN	VAD
FELFEDEZÉS	TEREP
MEGHATÁROZÁS	UTAZÁS

81 - Campeonato

```
Y  T  L  B  U  C  B  A  N  J  X  N  B  H
P  O  Y  É  A  C  W  S  X  N  D  O  Í  E
J  R  U  I  L  J  Á  T  É  K  O  K  R  Z
B  N  I  B  O  E  N  V  X  W  J  J  Ó  W
C  A  Z  R  I  L  G  O  B  A  J  N  O  K
H  S  Z  K  V  W  G  E  K  M  M  P  X  M
L  P  A  U  V  L  K  N  Z  S  T  J  E  O
D  O  D  P  J  M  R  T  T  N  Á  J  R  T
Ö  R  Á  H  A  É  R  E  M  L  I  G  A  I
N  T  S  W  S  T  R  A  T  É  G  I  A  V
T  E  L  J  E  S  Í  T  M  É  N  Y  N  Á
Ő  E  D  Z  Ő  K  I  T  A  R  T  Á  S  C
S  X  L  S  V  G  Y  Ő  Z  E  L  E  M  I
Z  C  G  E  J  O  D  M  Z  E  H  K  X  Ó
```

BAJNOKSÁG	LIGA
BAJNOK	ÉREM
SPORT	MOTIVÁCIÓ
EDZŐ	TELJESÍTMÉNY
CSAPAT	KITARTÁS
STRATÉGIA	LÉLEGEZNI
DÖNTŐS	TORNA
JÁTÉKOK	IZZADÁS
BÍRÓ	GYŐZELEM

82 - Actividades y Ocio

```
R  Ö  P  L  A  B  D  A  X  K  V  M  K  B
W  Y  I  K  F  G  P  U  Z  E  E  Ű  E  Ú
O  W  H  O  U  G  O  L  F  M  R  V  R  V
T  F  E  S  T  M  É  N  Y  P  S  É  T  Á
I  F  N  Á  B  F  U  W  V  I  E  S  É  R
S  D  T  R  A  V  T  T  M  N  N  Z  S  K
Z  M  E  L  L  K  Á  E  A  G  Y  E  Z  O
Ö  H  T  A  L  X  L  S  N  Z  I  T  K  D
R  B  Ő  B  N  Y  Y  B  Á  I  Á  V  E  Á
F  O  Z  D  G  T  R  O  I  R  S  S  D  S
Ö  K  B  A  S  E  B  A  L  L  L  Z  É  A
Z  S  O  V  H  S  T  Ú  R  Á  Z  Á  S  H
É  Z  P  H  H  A  L  Á  S  Z  A  T  S  P
S  C  R  R  B  M  P  Z  C  Ú  S  Z  Á  S
```

MŰVÉSZET	KERTÉSZKEDÉS
KOSÁRLABDA	ÚSZÁS
BASEBALL	HALÁSZAT
BOKSZ	FESTMÉNY
BÚVÁRKODÁS	PIHENTETŐ
KEMPING	TÚRÁZÁS
VERSENY	SZÖRFÖZÉS
VÁSÁRLÁS	TENISZ
FUTBALL	UTAZÁS
GOLF	RÖPLABDA

83 - Comida #1

```
S  M  W  J  C  U  K  O  R  K  D  S  F  N
F  A  H  É  J  I  E  Ö  Y  V  S  W  E  I
P  S  L  T  J  W  E  N  R  O  I  K  H  A
A  B  V  Á  L  V  N  Z  Z  T  L  V  É  N
D  G  A  R  T  O  N  H  A  L  E  S  R  C
D  A  J  Z  H  A  G  Y  M  A  V  Á  R  I
T  H  H  Ú  S  W  E  E  E  P  E  R  É  T
N  K  Á  R  P  A  B  S  N  L  S  G  P  R
G  V  V  L  E  D  L  H  T  Z  C  A  A  O
H  T  G  K  N  A  G  I  A  U  L  R  Z  M
N  E  D  L  Ó  V  D  S  K  N  S  É  S  T
C  J  O  M  T  E  M  M  G  O  Ó  P  P  R
F  O  K  H  A  G  Y  M  A  F  M  A  R  R
I  I  K  O  G  Y  Ü  M  Ö  L  C  S  L  É
```

FOKHAGYMA	EPER
BAZSALIKOM	GYÜMÖLCSLÉ
TONHAL	TEJ
CUKOR	CITROM
FAHÉJ	MENTA
HÚS	FEHÉRRÉPA
ÁRPA	KÖRTE
HAGYMA	SÓ
SALÁTA	LEVES
SPENÓT	SÁRGARÉPA

84 - Virtudes #1

```
F S S Z E R É N Y I I B V T
Ü H A S Z N O S R F N H X I
G Y A K O R L A T I T L A I
G B Z D B S C P F I E P C M
E E U Ö P Y R M B Ö L C S E
T T X N C L M F C D L U M G
L E C T S N O P Y G I H Ű B
E G Z Ő L T B H V U G A V Í
N V J R V B Á J O S E T É Z
B T I S Z T A Ó S U N É S H
L Z I C F Z K X E G S K Z A
E D X H C H S W I L A O I T
N A G Y L E L K Ű Y V N E Ó
K Í V Á N C S I Y M I Y F S
```

MŰVÉSZI   FÜGGETLEN
JÓ   INTELLIGENS
KÍVÁNCSI   TISZTA
DÖNTŐ   SZERÉNY
HATÉKONY   BETEG
BÁJOS   GYAKORLATI
MEGBÍZHATÓ   BÖLCS
NAGYLELKŰ   HASZNOS
VICCES

85 - Literatura

```
Z  E  G  P  H  T  V  D  I  B  N  T  S  A
H  E  F  Z  S  T  Í  L  U  S  A  R  F  N
É  L  E  T  R  A  J  Z  S  A  R  A  T  E
R  V  U  É  W  M  G  F  E  P  R  G  Z  K
E  É  L  M  V  E  R  S  L  D  Á  É  J  D
G  L  R  A  J  T  I  Z  E  E  T  D  P  O
É  E  E  Í  J  A  T  E  M  F  O  I  Á  T
N  M  V  F  M  F  M  R  Z  I  R  A  R  A
Y  É  B  P  L  O  U  Z  É  K  M  K  B  B
M  N  K  V  L  R  S  Ő  S  C  W  Ö  E  Z
Z  Y  B  A  N  A  L  Ó  G  I  A  L  S  N
T  C  A  K  V  I  V  Y  Y  Ó  U  T  Z  F
L  E  Í  R  Á  S  X  Y  P  E  P  Ő  É  D
C  A  N  T  N  N  U  L  L  O  F  I  D  H
```

ANALÓGIA	NARRÁTOR
ELEMZÉS	REGÉNY
ANEKDOTA	VÉLEMÉNY
SZERZŐ	VERS
ÉLETRAJZ	KÖLTŐI
LEÍRÁS	RÍM
PÁRBESZÉD	RITMUS
STÍLUS	TÉMA
FIKCIÓ	TRAGÉDIA
METAFORA	

86 - Clima

```
M E N N Y D Ö R G É S C O P
S N T H A O M O S S E N K K
H Z P I F F B I P J N M F X
U V Á H Ő M É R S É K L E T
R I Z R N Z G G Y G Ö É L N
R H S C A W H L I K D G H W
I A Z M S Z A Á H A C K Ő J
K R É X Z A J U R G B Ö G P
Á J L C Á C L V S V Z R S O
N R N P L N A B E E Í M Z L
N K Z J Y G T I D W K Z E Á
V I L L Á M O N S Z U N L R
T O R N Á D Ó T D M G V L I
R F S E V T R Ó P U S I Ő S
```

LÉGKÖR	POLÁRIS
SZELLŐ	VILLÁM
ÉG	SZÁRAZ
ÉGHAJLAT	ASZÁLY
JÉG	HŐMÉRSÉKLET
HURRIKÁN	VIHAR
ÁRVÍZ	TORNÁDÓ
MONSZUN	TRÓPUSI
KÖD	MENNYDÖRGÉS
FELHŐ	SZÉL

87 - Comida #2

```
Z R I Z S V D Z N C K I V I
W E D B A N Á N A S E P A P
S N L Y Z S A P P E N A R A
S Z Ő L Ő S L X R R Y D T R
R M G X E F M S A E É L I A
O H X X T R A C F S R I C D
M A N D U L A S O Z R Z S I
C S I R K E U O R N A S Ó C
U C W U R W R K G Y J Á K S
D D U C M G Y O Ó E B N A O
J O G H U R T L M F W Ú S M
S A J T T O J Á S I Z B Z B
G I S W L K B D Z A U D S A
L Z G Y Ö M B É R M U G A O
```

ARTICSÓKA	KIVI
MANDULA	ALMA
ZELLER	KENYÉR
RIZS	BANÁN
PADLIZSÁN	CSIRKE
CSERESZNYE	SAJT
CSOKOLÁDÉ	PARADICSOM
NAPRAFORGÓ	BÚZA
TOJÁS	SZŐLŐ
GYÖMBÉR	JOGHURT

88 - Castillos

```
K A T A P U L T D L T D Y T
C F E X A A E E Z O O I H Y
K J A L J F L Ó O V R N X I
Z M S T Z W W O D A O A K G
Z X K T S F L G T G N S O H
B I R O D A L O M A Y Z R F
P Á N C É L K I Z U H T O E
K I R Á L Y S Á G O E I N U
A H I L T T V H N U R A A D
S Á R K Á N Y H E R C E G Á
T Z T F A Y A I M W E R T L
H U S H Z R K P E H G Ő Z I
B V M S M F D N S U N D U S
E G Y S Z A R V Ú X Ő C W X
```

PÁNCÉL   ERŐD
LOVAG   BIRODALOM
LÓ   NEMES
KATAPULT   PALOTA
KORONA   FAL
DINASZTIA   HERCEGNŐ
SÁRKÁNY   HERCEG
PAJZS   KIRÁLYSÁG
KARD   TORONY
FEUDÁLIS   EGYSZARVÚ

89 - Arte

```
G  S  Z  E  M  É  L  Y  E  S  Ö  K  I  S
Z  Z  V  I  Z  U  Á  L  I  S  S  F  H  Z
X  O  A  I  K  A  H  X  J  Ő  S  S  L  Ü
Ö  B  N  N  G  B  H  C  I  S  Z  Z  E  R
S  O  D  H  L  E  F  W  J  Z  E  I  T  R
S  R  T  R  H  D  B  J  O  I  T  M  E  E
Z  K  Y  O  A  H  F  J  J  N  E  B  T  A
E  E  G  Y  S  Z  E  R  Ű  T  T  Ó  T  L
T  R  K  Ö  L  T  É  S  Z  E  T  L  Á  I
É  Á  E  H  A  N  G  U  L  A  T  U  R  Z
T  M  J  D  Z  J  Y  V  H  N  G  M  G  M
E  I  B  F  E  C  P  X  J  P  L  E  Y  U
L  A  F  E  S  T  M  É  N  Y  E  K  L  S
F  S  R  X  A  K  I  F  E  J  E  Z  É  S
```

KERÁMIA	SZEMÉLYES
ÖSSZETETT	FESTMÉNYEK
ÖSSZETÉTEL	KÖLTÉSZET
SZOBOR	EGYSZERŰ
KIFEJEZÉS	SZIMBÓLUM
ŐSZINTE	SZÜRREALIZMUS
HANGULAT	TÁRGY
IHLETETT	VIZUÁLIS
EREDETI	

90 - Herboristería

```
O V T Y Y K O N Y H A I Ö L
X M Á B A E G D M I A X S E
V I R Á G R N Ö V É N Y S V
F N K O P T O Z C K B B Z E
O Ő O K S Í P M H U A K E N
K S N M A Z C C Á K Z W T D
H É Y A N P V T J S S E E U
A G A J B F O U T Á A M V L
G Z P O G O A R J F L E Ő A
Y Ö G R R O Z M A R I N G F
M L I Á H Y O U V Á K T U T
A D U N W Y B W H N O A H B
B K L N G J I I X Y M A H Z
O A A A É D E S K Ö M É N Y
```

FOKHAGYMA   ÖSSZETEVŐ
BAZSALIKOM   KERT
AROMÁS   LEVENDULA
SÁFRÁNY   MAJORÁNNA
MINŐSÉG   MENTA
KONYHAI   NÖVÉNY
KAPOR   ROZMARING
TÁRKONY   ÍZ
VIRÁG   ZÖLD
ÉDESKÖMÉNY

91 - Verano

```
E O T A E A O P C E E T I K
H T E M L É K E K H E F L Ö
W T N S Z A B A D I D Ő Ú N
J H G B E D V F T V D U S Y
Á O E S N W B F K U C B Z V
T N R B E E A I Y A S Ú N E
É L E L M I S Z E R Y V I K
K I K A P C S O L Ó D Á S E
O V S Z A N D Á L E N R S R
K O K V B A R Á T O K K T T
Ö R Ö M U T A Z Á S L O R T
W E F R C S A L Á D R D A P
A T P N Y A R A L Á S Á N S
C S I L L A G O K C A S D P
```

ÖRÖM
BARÁTOK
BÚVÁRKODÁS
ÉLELMISZER
CSILLAGOK
CSALÁD
OTTHON
KERT
JÁTÉKOK
KÖNYVEK

TENGER
ZENE
ÚSZNI
SZABADIDŐ
STRAND
EMLÉKEK
KIKAPCSOLÓDÁS
SZANDÁL
NYARALÁS
UTAZÁS

92 - Insectos

```
C D S L I U L U J J F N Z S
Z U S Z B S S N O G E D Y Z
L H J P Ö V Z M O L Y A C Ú
R A J F I C G I E V G R S N
X N H O M J S O T N P Á Á Y
O G J B C B H K N A K Z S O
Y Y C G G F É R E G K S K G
K A T I C A B O G Á R Ö A M
C S Ó T Á N Y M K X T B T E
P I L L A N G Ó É R W F I Ő
K A B Ó C A U R I H H M N A
L E V É L T E T Ű B O L H A
F T Z U T E R M E S Z B X T
L Á R V A C Z D B O G Á R B
```

MÉH   SZITAKÖTŐ
DARÁZS   SÁSKA
LEVÉLTETŰ   PILLANGÓ
KABÓCA   KATICABOGÁR
CSÓTÁNY   SZÚNYOG
BOGÁR   MOLY
FÉREG   BOLHA
HANGYA   SZÖCSKE
LÁRVA   TERMESZ

93 - Especias

```
É  Á  S  Z  E  R  E  C  S  E  N  D  I  Ó
D  N  Z  G  A  Y  K  V  U  T  G  Y  P  K
E  I  X  N  W  K  E  A  Y  R  K  E  A  I
S  Z  Y  Y  F  G  S  N  J  F  R  T  P  S
G  S  S  Ó  O  M  E  Í  X  Y  O  Y  R  P
Y  M  Á  Z  K  J  R  L  W  Z  K  L  I  A
Ö  U  F  S  H  F  Ű  I  O  B  É  P  K  C
K  W  R  X  A  A  G  A  T  S  K  D  A  Z
É  Y  Á  A  G  H  G  R  A  E  S  Z  E  E
R  N  N  G  Y  É  G  Y  Ö  M  B  É  R  S
Í  Z  Y  D  M  J  C  F  M  D  O  P  R  T
C  S  A  V  A  N  Y  Ú  E  A  R  A  C  A
S  Z  E  G  F  Ű  S  Z  E  G  S  W  R  A
M  S  E  G  T  X  K  Ö  M  É  N  Y  W  H
```

SAVANYÚ	ÉDES
FOKHAGYMA	GYÖMBÉR
KESERŰ	SZERECSENDIÓ
ÁNIZS	PAPRIKA
SÁFRÁNY	BORS
FAHÉJ	ÉDESGYÖKÉR
HAGYMA	ÍZ
SZEGFŰSZEG	SÓ
KÖMÉNY	VANÍLIA
CURRY	

94 - Emociones

```
Z G M O U I Z G A T O T T B
A Y E M E G L E P E T É S O
V E U L V H P R Y U B K W L
A N N M É M Á I T Z É E W D
R G A I T G I L C Y K D W O
T É L U I A E N Á U E V R G
M D O N N S R D T S Y E Ö S
A S M Z K S H T E U I S R Á
F É L E L E M X A T V S Ö G
A G G D N M M C A L T É M G
S Z I M P Á T I A J O G P A
N Y U G O D T Z Y G U M Z T
N Y U G A L O M H A R A G H
S Z E R E T E T E S E L W K
```

UNALOM	IZGATOTT
HÁLÁS	HARAG
ÖRÖM	FÉLELEM
SZERETET	BÉKE
ZAVART	ELÉGEDETT
BOLDOGSÁG	SZIMPÁTIA
KEDVESSÉG	MEGLEPETÉS
NYUGODT	GYENGÉDSÉG
TARTALOM	NYUGALOM

95 - Mediciones

```
S  M  R  U  O  E  X  H  Ü  V  E  L  Y  K
M  N  S  V  L  R  M  J  E  M  X  O  G  I
T  I  Z  E  D  E  S  Z  B  R  O  I  B  L
O  U  É  P  E  R  C  R  I  G  D  Y  O  O
N  N  L  I  T  E  R  O  V  F  U  L  D  G
N  C  E  N  T  I  M  É  T  E  R  O  O  R
A  I  S  T  K  I  L  O  M  É  T  E  R  A
V  A  S  Ö  F  F  G  A  I  F  H  D  O  M
S  N  É  M  O  I  R  Z  Y  S  O  P  J  M
B  Ú  G  E  K  M  A  G  A  S  S  Á  G  L
K  Á  L  G  O  B  M  É  L  Y  S  É  G  C
T  E  J  Y  Z  G  M  É  L  L  Z  C  W  M
X  P  A  T  A  B  I  Z  R  N  W  Y  L  M
E  U  H  V  T  G  T  O  C  Ő  W  M  E  I
```

MAGASSÁG	HOSSZ
SZÉLESSÉG	TÖMEG
BÁJT	MÉRŐ
CENTIMÉTER	PERC
TIZEDES	UNCIA
FOKOZAT	SÚLY
GRAMM	PINT
KILOGRAMM	MÉLYSÉG
KILOMÉTER	HÜVELYK
LITER	TONNA

96 - Barcos

```
H Y B Ó J A Y C T M V Y H U
U G F E X K R T E D I P N K
L R O Z L N R M N D T O T Ó
L E G É N Y S É G K O V E W
Á V M P E P I P E O R D N H
M M D M O E S P R M L F G O
O T W D K D U A I P Á X E R
K A J A K J T I X Z S E R G
E V A G Á Ö U M O T O R É O
N F C Á R T T E N G E R S N
U O H L B I A É U B G O Z Y
O L T Y O C J E L E H I H B
M Y K Ó C E Á N T A I D C G
B Ó C G V H P L L R F M J G
```

HORGONY	TENGERÉSZ
TUTAJ	ÁRBOC
BÓJA	MOTOR
KENU	TENGERI
KÖTÉL	ÓCEÁN
KOMP	HULLÁMOK
KAJAK	FOLYÓ
TÓ	LEGÉNYSÉG
TENGER	VITORLÁS
DAGÁLY	JACHT

97 - Antártida

```
Z  R  S  M  F  X  B  Y  Z  W  A  S  M  B
T  F  Z  X  T  É  T  S  R  M  H  Z  I  Z
O  B  I  O  C  L  L  K  O  V  N  I  G  H
J  É  G  L  E  C  C  S  E  R  E  K  R  D
O  F  E  L  H  Ő  K  E  Z  X  M  L  Á  P
V  M  T  P  Z  S  Ö  X  F  I  E  Á  C  I
I  A  E  V  I  G  R  P  Ö  M  G  S  I  N
M  G  K  M  W  U  N  E  L  A  Ő  E  Ó  G
K  U  T  A  T  Ó  Y  D  D  D  R  E  T  V
Ö  V  W  F  D  H  E  Í  R  A  Z  V  F  I
O  B  J  D  S  L  Z  C  A  R  É  Í  A  N
I  D  Ö  U  E  S  E  I  J  A  S  Z  X  E
B  J  L  L  J  N  T  Ó  Z  K  U  V  I  K
G  H  Ő  M  É  R  S  É  K  L  E  T  A  P
```

VÍZ	KÖRNYEZET
ÖBÖL	MIGRÁCIÓ
MEGŐRZÉS	FELHŐK
EXPEDÍCIÓ	MADARAK
FÖLDRAJZ	FÉLSZIGET
GLECCSEREK	PINGVINEK
JÉG	SZIKLÁS
KUTATÓ	HŐMÉRSÉKLET
SZIGETEK	

98 - Piratas

```
N B L F L E R F T I H O C D
B W H E K S X O É R M É K P
N A O K G M Y R R Á K T A A
S F R A A E S U K N I J R P
T L G L F P N M É Y N F D A
R P O A A O I D P T C M Y G
A F N N M N J T A Ű S O N Á
N R Y D L H G Z Á S Z L Ó J
D M E Z J D O S N N D E P I
A L K I V E S Z É L Y D J S
R O S S Z U K I N H E G B Y
A E K G A L E G É N Y S É G
N O I G I V A E V C T N A K
Y R W A E B W T G J V R Z W
```

HORGONY	PAPAGÁJ
KALAND	ROSSZ
ZÁSZLÓ	TÉRKÉP
IRÁNYTŰ	ÉRMÉK
KAPITÁNY	ARANY
HEG	VESZÉLY
BARLANG	STRAND
KARD	RUM
SZIGET	KINCS
LEGENDA	LEGÉNYSÉG

99 - Mamíferos

```
F A R K A S V T L H U K B C
H M J F B U A J M O W W W O
P R É R I F A R K A S N S M
R T G Z F Z F X I G V O P I
P G X Z S Z G F X Z B H F E
K U T Y A I Z V E M Á W L P
B K E N G U R U D E L F I N
M I V G I K J Á A D N B S Y
A A E O E A D U F V A I Z Ú
C I J Z E B R A H E Z K A L
S L Ó O E L E F Á N T A M B
K O G U M G O R I L L A Á M
A J E R Y F I P X P I D R W
O R Ó K A U R H O X W K W K
```

BÁLNA	MACSKA
SZAMÁR	GORILLA
LÓ	ZSIRÁF
TEVE	FARKAS
KENGURU	MAJOM
ZEBRA	MEDVE
NYÚL	JUH
PRÉRIFARKAS	KUTYA
DELFIN	BIKA
ELEFÁNT	RÓKA

100 - Abejas

```
B  G  V  I  R  Á  G  O  K  A  P  T  Á  R
S  E  Y  S  A  M  U  E  X  F  T  L  S  N
Z  E  P  Ü  J  É  G  H  A  M  A  U  C  I
Á  L  V  O  M  Z  T  W  S  J  K  E  R  T
R  Ő  M  P  R  Ö  F  N  G  V  I  R  Á  G
N  N  M  K  O  Z  L  G  E  I  H  D  J  S
Y  Y  G  L  V  O  Ó  C  Z  A  T  R  K  N
A  Ö  W  N  A  G  L  P  S  S  Z  C  G  A
K  S  R  W  R  A  T  O  Z  F  C  Z  P
L  V  L  J  S  O  K  F  É  L  E  S  É  G
M  V  F  Y  F  Ü  S  T  W  O  L  L  S  C
N  Ö  V  É  N  Y  E  K  U  L  Z  E  W  Z
K  O  N  V  K  I  R  Á  L  Y  N  Ő  N  N
Ö  Ő  K  O  S  Z  I  S  Z  T  É  M  A  L  J
```

SZÁRNYAK	FÜST
ELŐNYÖS	ROVAR
VIASZ	KERT
KAPTÁR	MÉZ
SOKFÉLESÉG	NÖVÉNYEK
ÖKOSZISZTÉMA	POLLEN
RAJ	BEPORZÓ
VIRÁG	KIRÁLYNŐ
VIRÁGOK	NAP
GYÜMÖLCS	

1 - Ajedrez

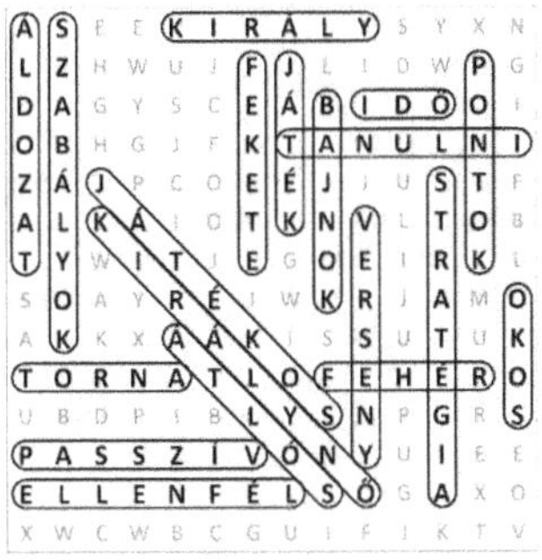

2 - Agua

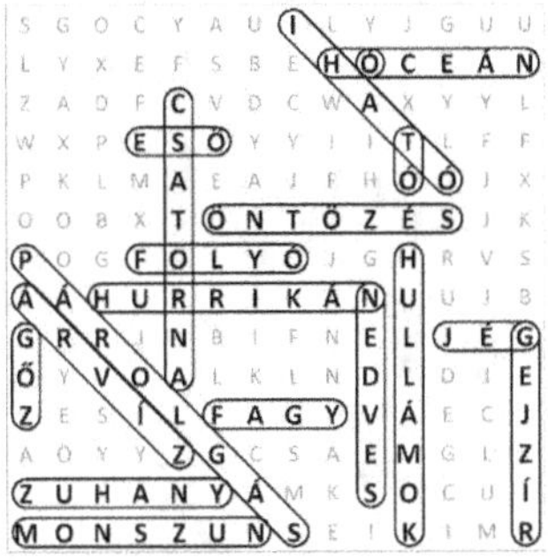

3 - Granja #2

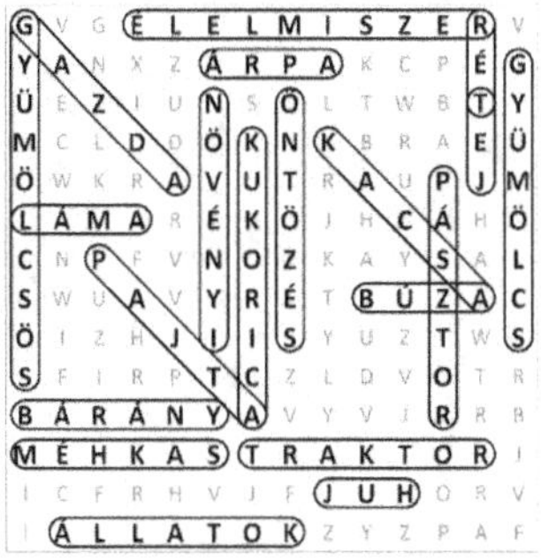

4 - Mueble

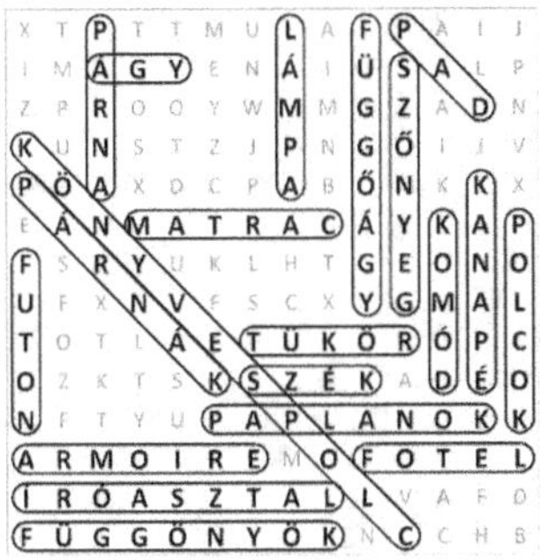

5 - Pesca

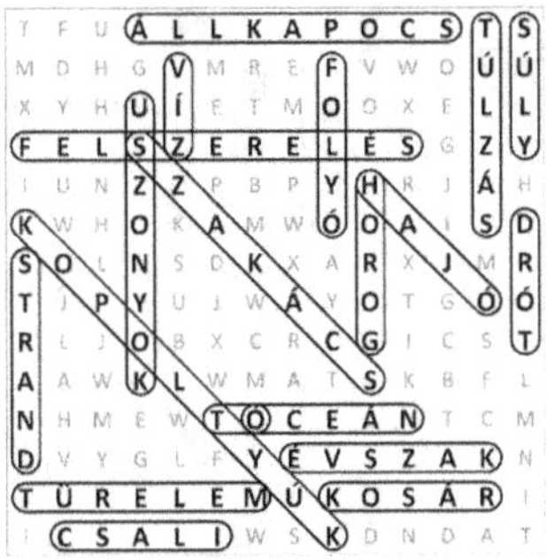

6 - Aviones

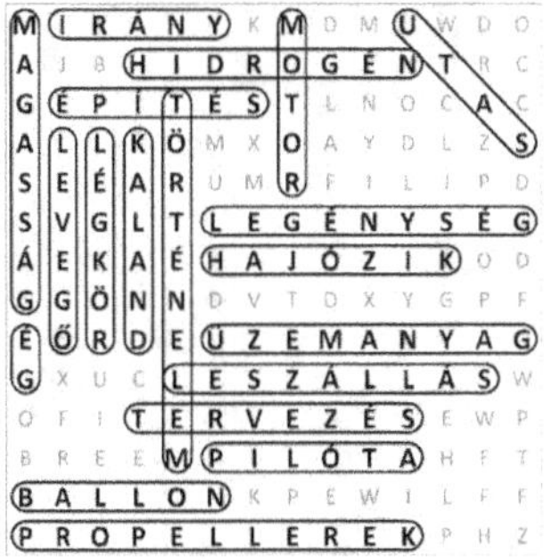

7 - Tipos de Cabello

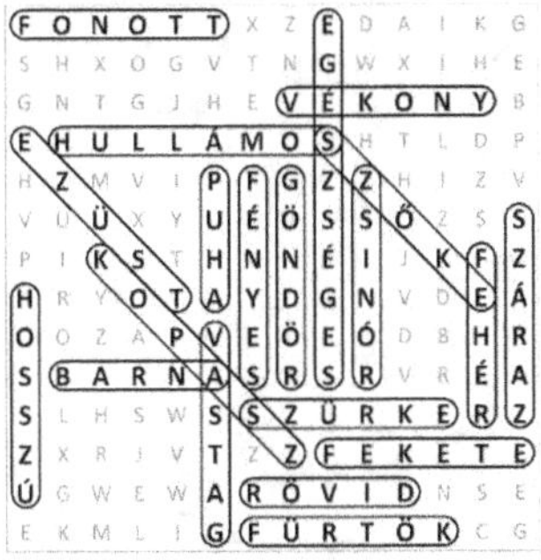

8 - Ciencia Ficción

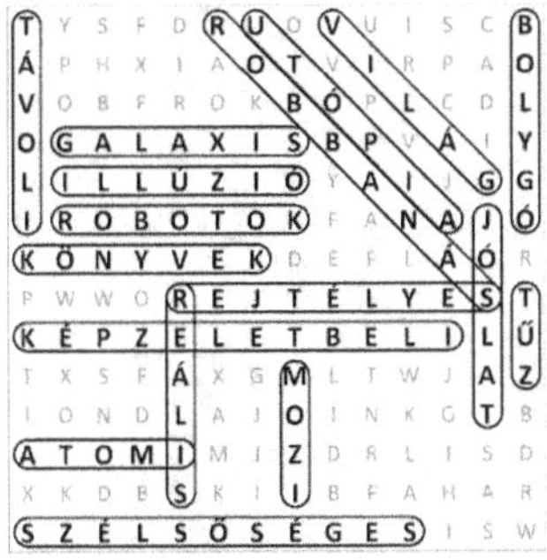

9 - Juguetes

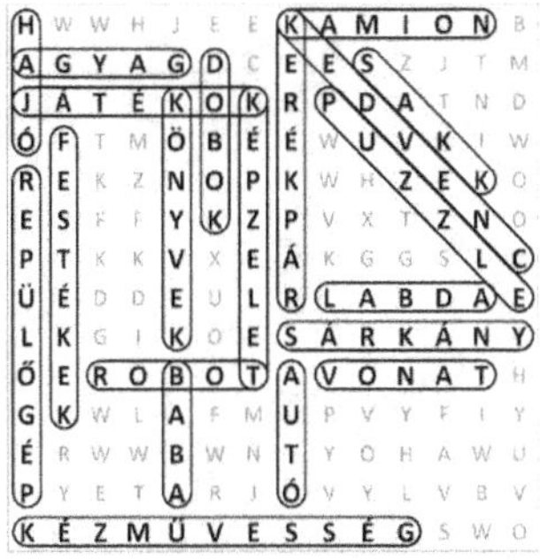

10 - Circo

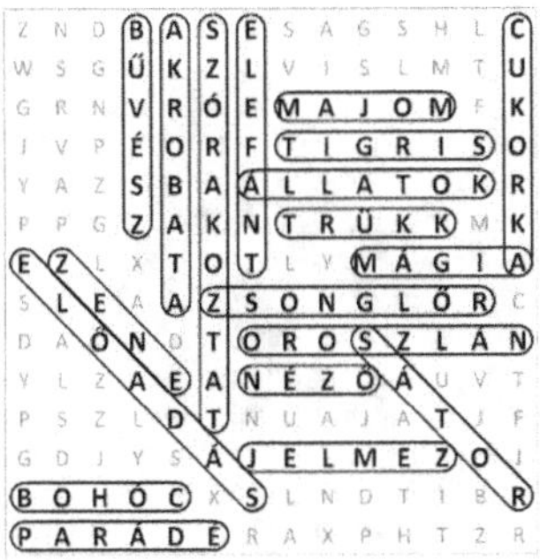

11 - Rellenar

12 - Granja #1

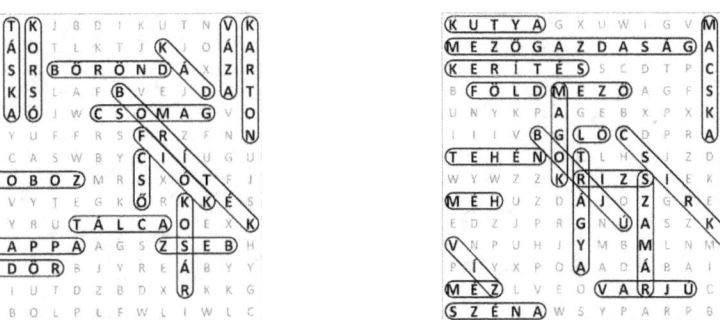

13 - Camping

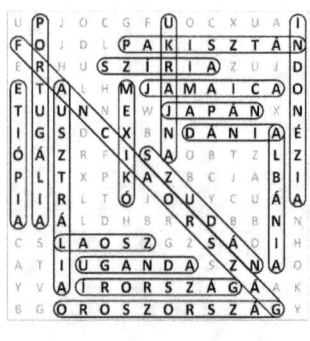

14 - Fruta

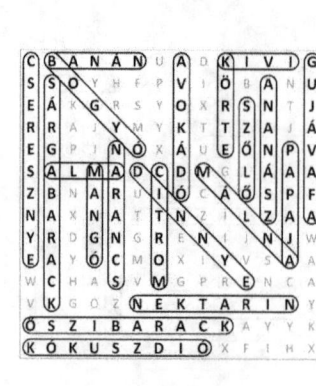

15 - Geología

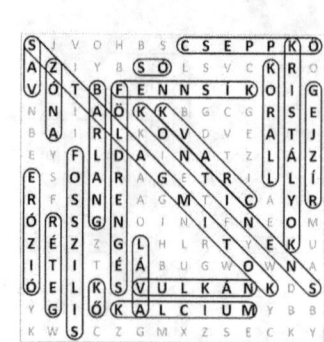

16 - Plantas

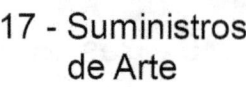

17 - Suministros de Arte

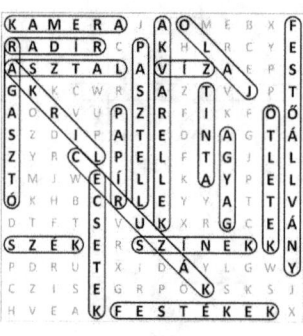

18 - Jardín

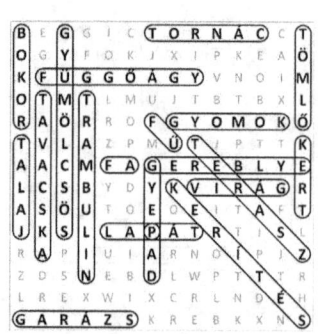

19 - Países #2

20 - Tecnología

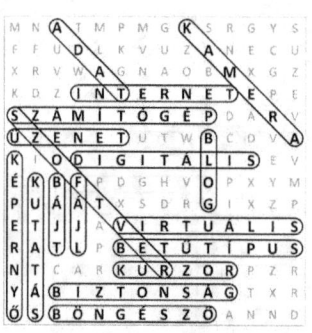

21 - Números

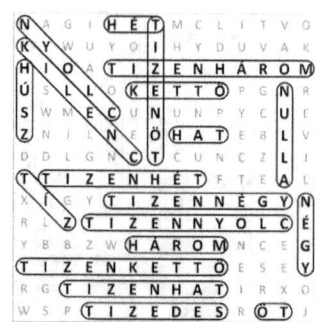

22 - Mitología

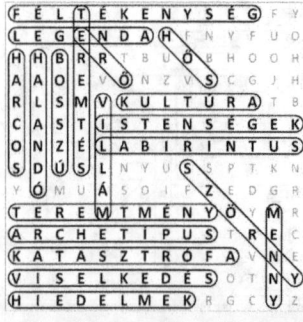

23 - Ecología

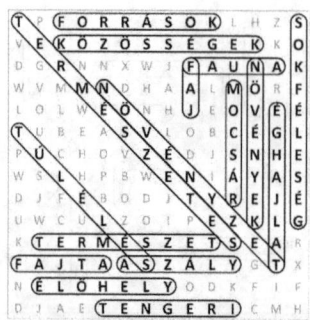

24 - Casa

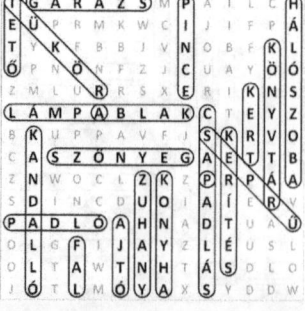

25 - Artes Visuales

26 - Escuela #2

27 - Selva Tropical

28 - Colores

29 - Adjetivos #1

30 - Familia

31 - Disciplinas Científicas

32 - Gatos

33 - Cocina

34 - Escuela #1

35 - Adjetivos #2

36 - Cuerpo Humano

37 - Ciencia

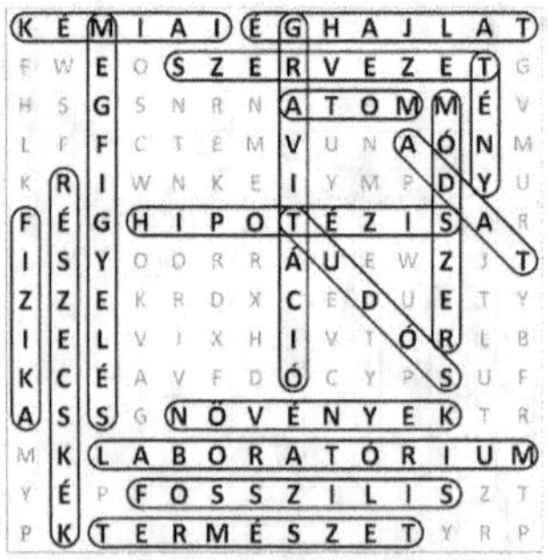

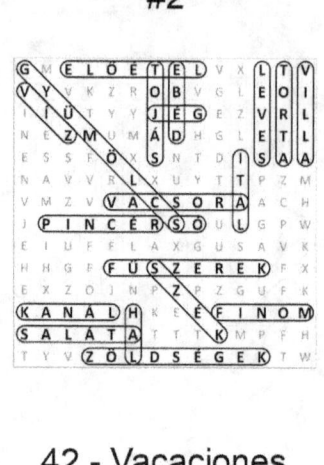

38 - Dinosaurios

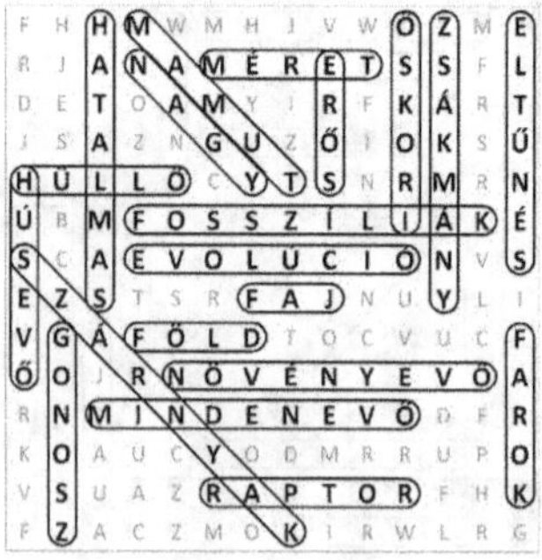

39 - Restaurante #2

40 - Profesiones #1

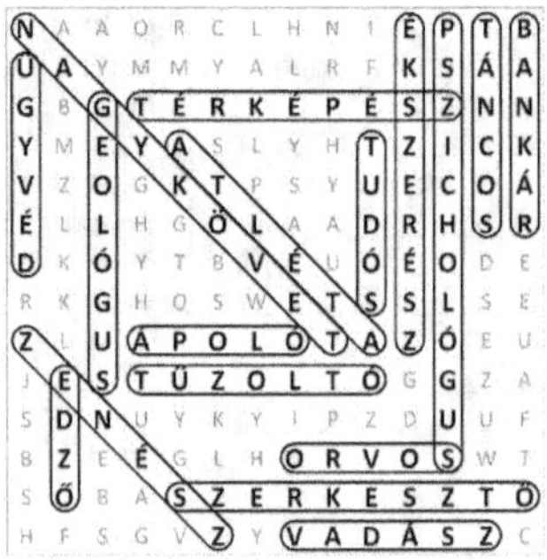

41 - Vehículos

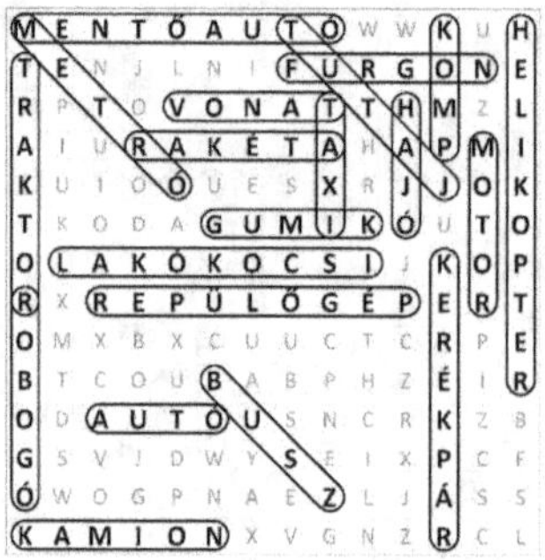

42 - Vacaciones #2

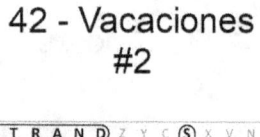

43 - Cumpleaños

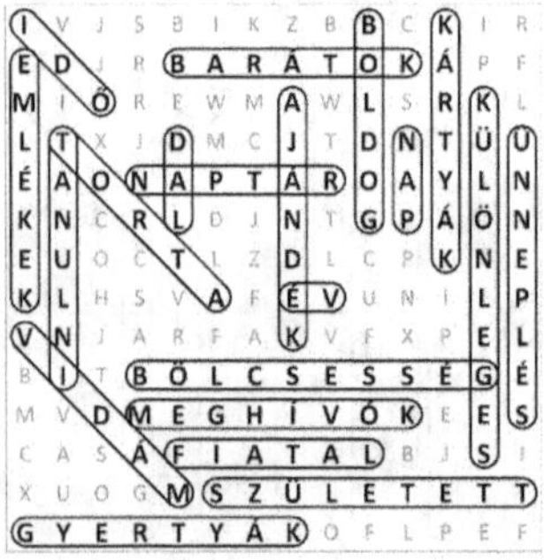

44 - Baile

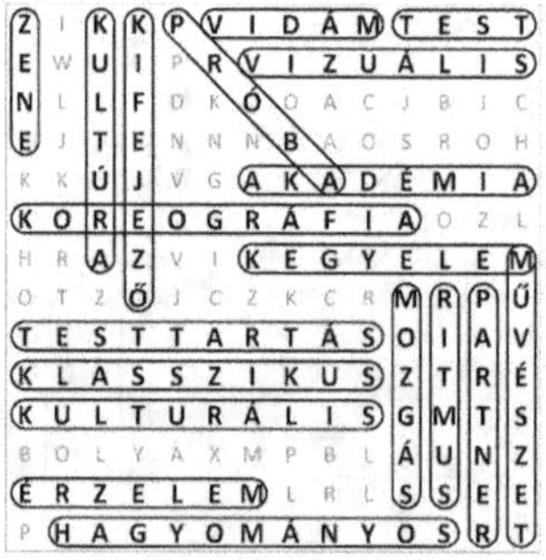

45 - Matemáticas

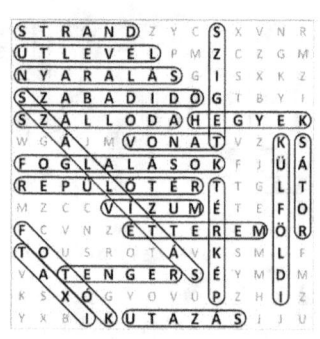

46 - Restaurante #1

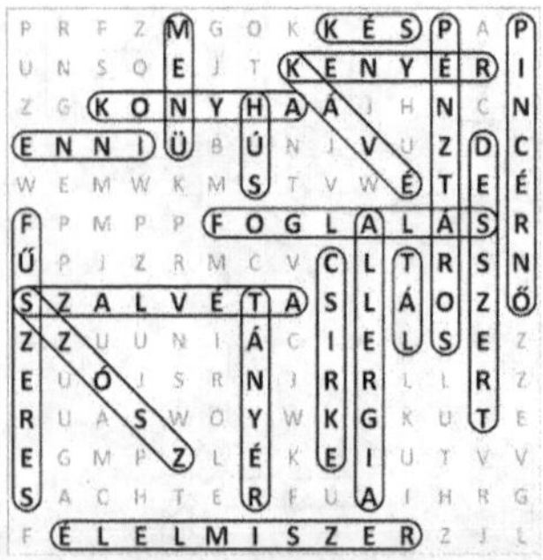

47 - Profesiones #2

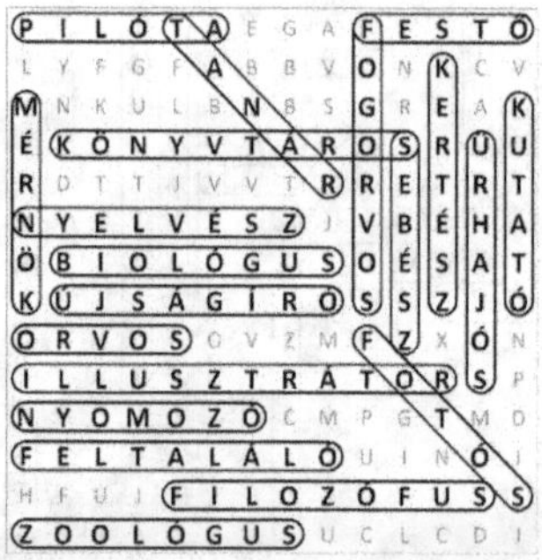

48 - Senderismo

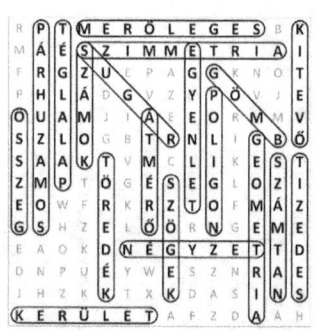

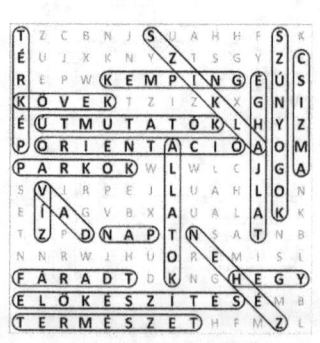

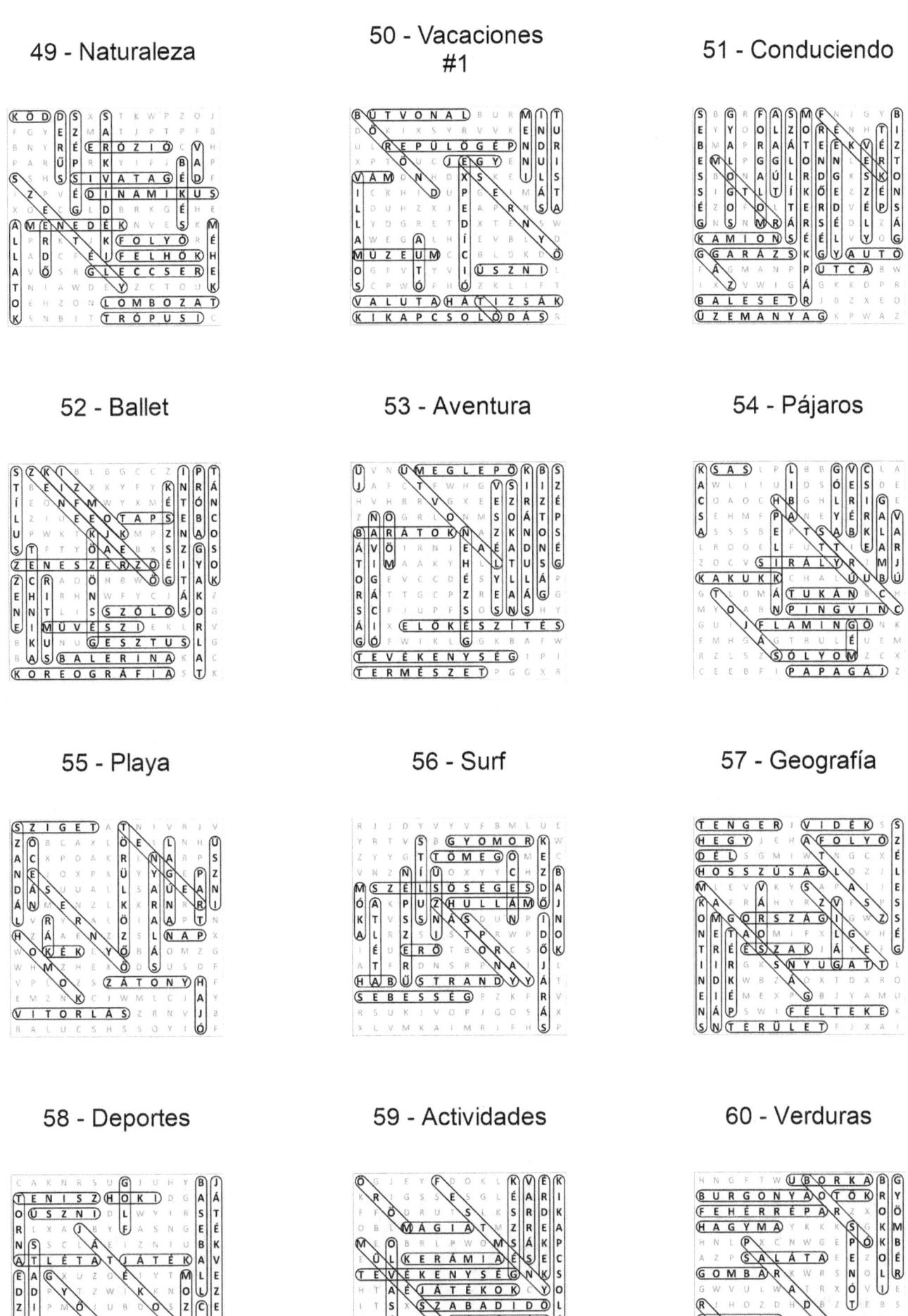

49 - Naturaleza

50 - Vacaciones #1

51 - Conduciendo

52 - Ballet

53 - Aventura

54 - Pájaros

55 - Playa

56 - Surf

57 - Geografía

58 - Deportes

59 - Actividades

60 - Verduras

61 - Instrumentos Musicales

62 - Escalada

63 - Mascotas

64 - Formas

65 - Flores

66 - Astronomía

67 - Tiempo

68 - Paisajes

69 - Días y Meses

70 - Chocolate

71 - Barbacoas

72 - Ropa

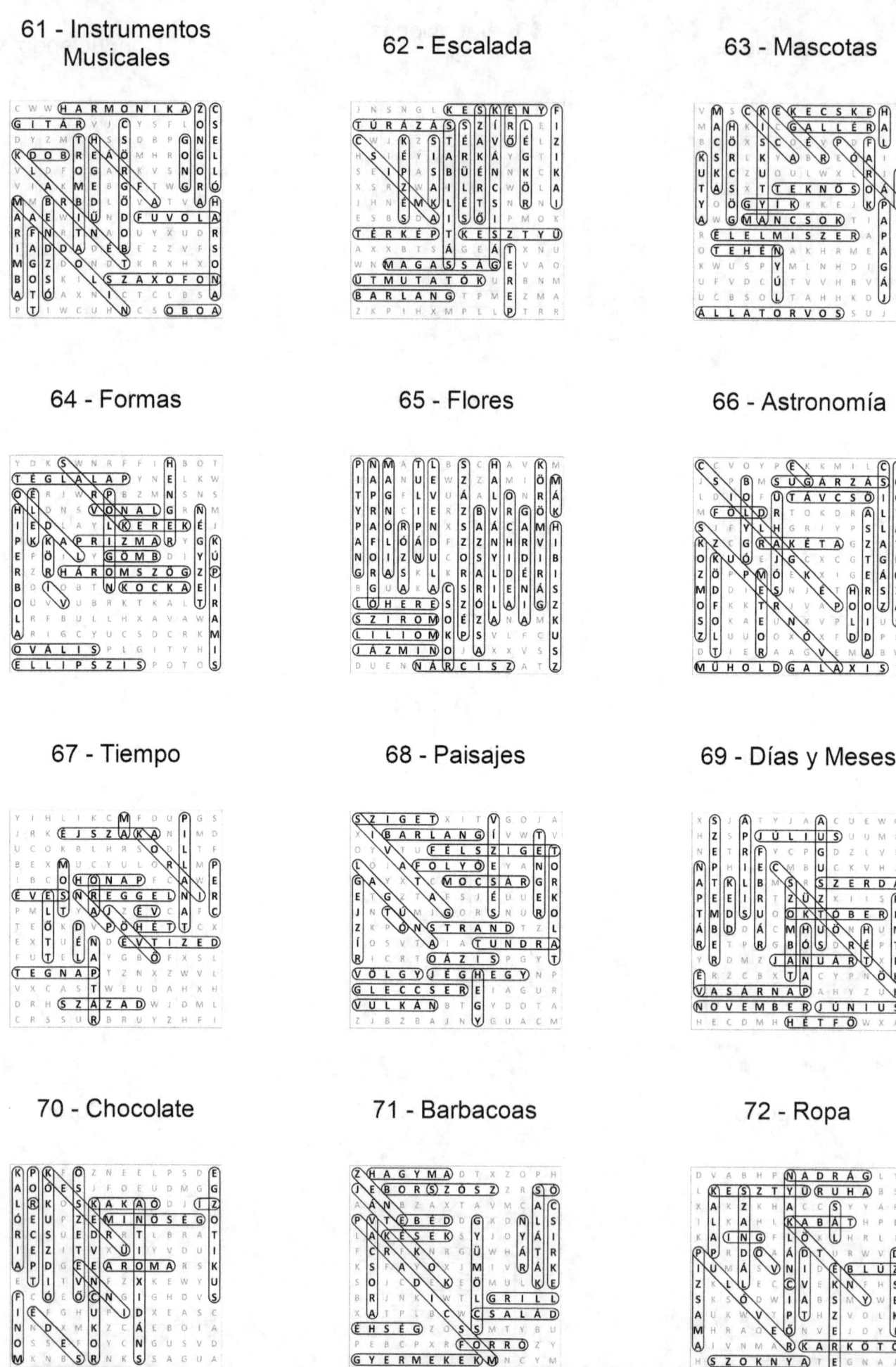

73 - Meditación

74 - Libros

75 - Nutrición

76 - Edificios

77 - Océano

78 - Ciudad

79 - Conservación

80 - Exploración

81 - Campeonato

82 - Actividades y Ocio

83 - Comida #1

84 - Virtudes #1

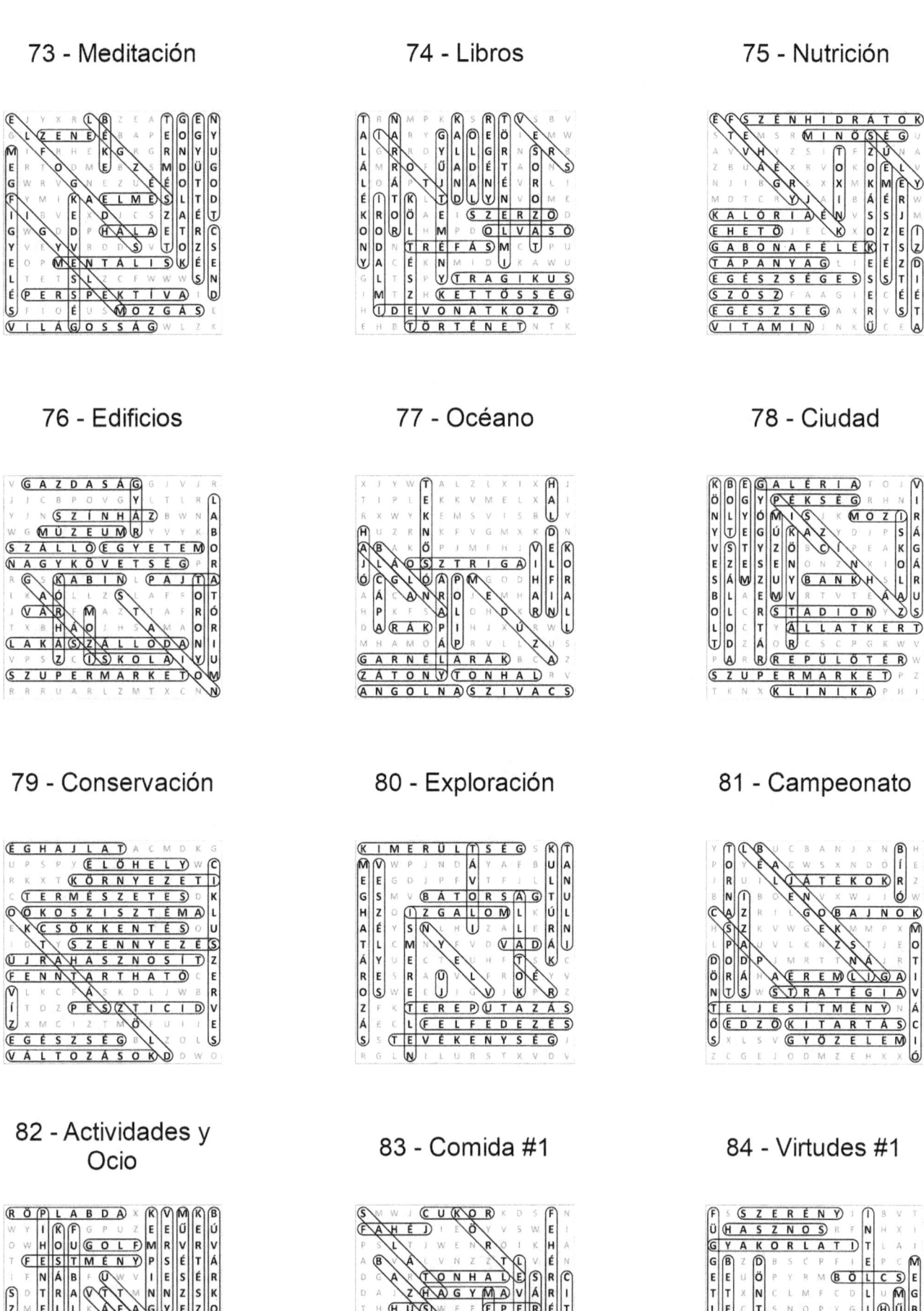

85 - Literatura

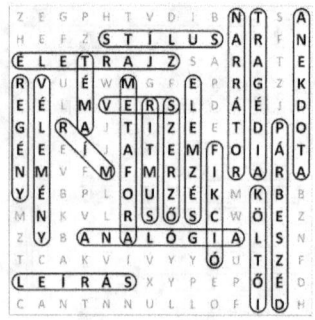

86 - Clima

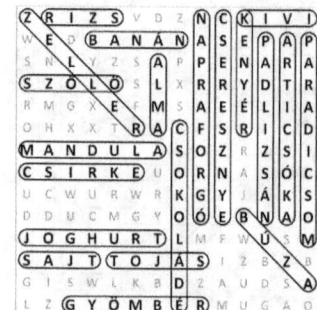

87 - Comida #2

88 - Castillos

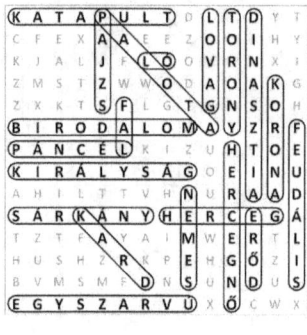

89 - Arte

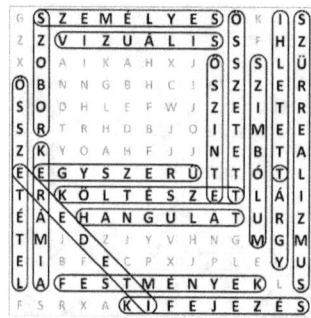

90 - Herboristería

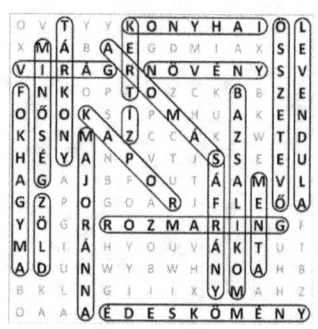

91 - Verano

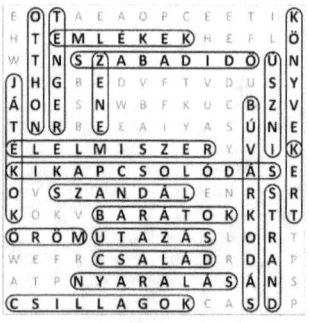

92 - Insectos

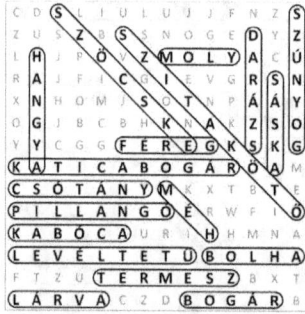

93 - Especias

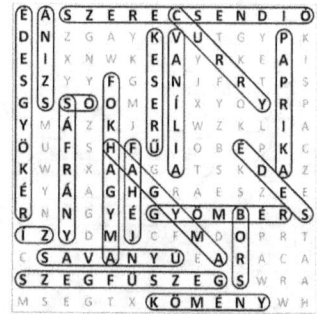

94 - Emociones

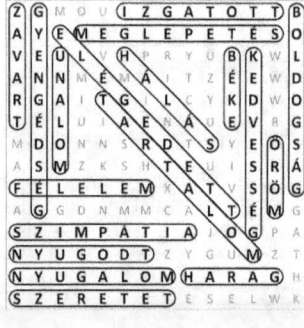

95 - Mediciones

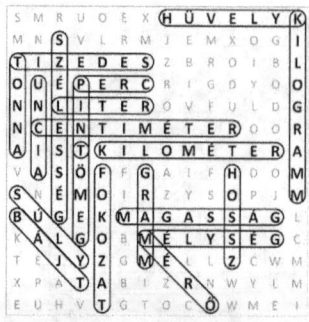

96 - Barcos

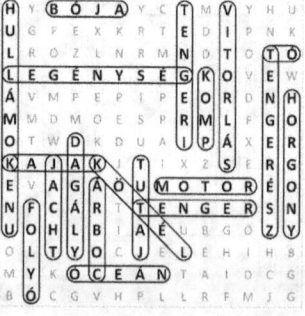

97 - Antártida

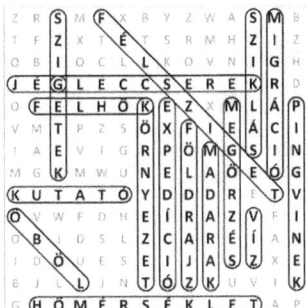

98 - Piratas

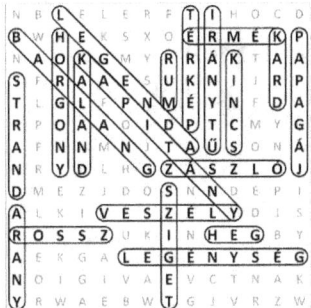

99 - Mamíferos

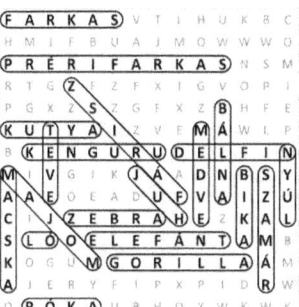

100 - Abejas

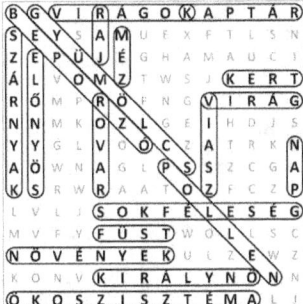

Diccionario

Abejas
Méhek

Alas	Szárnyak
Beneficioso	Előnyös
Cera	Viasz
Colmena	Kaptár
Comida	Élelmiszer
Diversidad	Sokféleség
Ecosistema	Ökoszisztéma
Enjambre	Raj
Flor	Virág
Flores	Virágok
Fruta	Gyümölcs
Humo	Füst
Insecto	Rovar
Jardín	Kert
Miel	Méz
Plantas	Növények
Polen	Pollen
Polinizador	Beporzó
Reina	Királynő
Sol	Nap

Actividades
Tevékenységek

Actividad	Tevékenység
Arte	Művészet
Artesanía	Kézművesség
Caza	Vadászat
Cerámica	Kerámia
Costura	Varrás
Fotografía	Fényképezés
Habilidad	Készség
Intereses	Érdekek
Jardinería	Kertészkedés
Juegos	Játékok
Lectura	Olvasás
Magia	Mágia
Ocio	Szabadidő
Pesca	Halászat
Pintura	Festmény
Placer	Öröm
Relajación	Kikapcsolódás
Rompecabezas	Rejtvények
Senderismo	Túrázás

Actividades y Ocio
Tevékenységek és Szabadi

Arte	Művészet
Baloncesto	Kosárlabda
Béisbol	Baseball
Boxeo	Boksz
Buceo	Búvárkodás
Camping	Kemping
Carreras	Verseny
Compras	Vásárlás
Fútbol	Futball
Golf	Golf
Jardinería	Kertészkedés
Natación	Úszás
Pesca	Halászat
Pintura	Festmény
Relajante	Pihentető
Senderismo	Túrázás
Surf	Szörfözés
Tenis	Tenisz
Viaje	Utazás
Voleibol	Röplabda

Adjetivos #1
Melléknevek #1

Absoluto	Abszolút
Activo	Aktív
Ambicioso	Ambiciózus
Aromático	Aromás
Atractivo	Vonzó
Brillante	Fényes
Enorme	Óriási
Generoso	Nagylelkű
Grande	Nagy
Honesto	Őszinte
Importante	Fontos
Inocente	Ártatlan
Joven	Fiatal
Lento	Lassú
Moderno	Modern
Oscuro	Sötét
Perfecto	Tökéletes
Pesado	Nehéz
Serio	Komoly
Valioso	Értékes

Adjetivos #2
Melléknevek #2

Cansado	Fáradt
Comestible	Ehető
Creativo	Kreatív
Descriptivo	Leíró
Dramático	Drámai
Elegante	Elegáns
Famoso	Híres
Fresco	Friss
Fuerte	Erős
Interesante	Érdekes
Natural	Természetes
Normal	Normál
Nuevo	Új
Orgulloso	Büszke
Picante	Fűszeres
Productivo	Termelő
Responsable	Felelős
Salado	Sós
Saludable	Egészséges
Seco	Száraz

Agua
Víz

Canal	Csatorna
Ducha	Zuhany
Evaporación	Párolgás
Géiser	Gejzír
Helada	Fagy
Hielo	Jég
Humedad	Páratartalom
Huracán	Hurrikán
Húmedo	Nedves
Inundación	Árvíz
Lago	Tó
Lluvia	Eső
Monzón	Monszun
Nieve	Hó
Océano	Óceán
Olas	Hullámok
Potable	Iható
Riego	Öntözés
Río	Folyó
Vapor	Gőz

Ajedrez
Sakk

Aprender	Tanulni
Blanco	Fehér
Campeón	Bajnok
Concurso	Verseny
Diagonal	Átlós
Estrategia	Stratégia
Inteligente	Okos
Juego	Játék
Jugador	Játékos
Negro	Fekete
Oponente	Ellenfél
Pasivo	Passzív
Puntos	Pontok
Reglas	Szabályok
Reina	Királynő
Rey	Király
Sacrificio	Áldozat
Tiempo	Idő
Torneo	Torna

Antártida
Antarktisz

Agua	Víz
Bahía	Öböl
Científico	Tudományos
Conservación	Megőrzés
Continente	Kontinens
Expedición	Expedíció
Geografía	Földrajz
Glaciares	Gleccserek
Hielo	Jég
Investigador	Kutató
Islas	Szigetek
Medio Ambiente	Környezet
Migración	Migráció
Nubes	Felhők
Pájaros	Madarak
Península	Félsziget
Pingüinos	Pingvinek
Rocoso	Sziklás
Temperatura	Hőmérséklet
Topografía	Topográfia

Arte
Művészet

Cerámica	Kerámia
Complejo	Összetett
Composición	Összetétel
Escultura	Szobor
Expresión	Kifejezés
Honesto	Őszinte
Humor	Hangulat
Inspirado	Ihletett
Original	Eredeti
Personal	Személyes
Pinturas	Festmények
Poesía	Költészet
Sencillo	Egyszerű
Símbolo	Szimbólum
Surrealismo	Szürrealizmus
Tema	Tárgy
Visual	Vizuális

Artes Visuales
Vizuális Művészetek

Arcilla	Agyag
Arquitectura	Építészet
Artista	Művész
Barniz	Lakk
Caballete	Festőállvány
Cera	Viasz
Cerámica	Kerámia
Composición	Összetétel
Creatividad	Kreativitás
Escultura	Szobor
Fotografía	Fénykép
Lápiz	Ceruza
Obra Maestra	Mestermű
Película	Film
Perspectiva	Perspektíva
Pintura	Festmény
Plantilla	Stencil
Pluma	Toll
Retrato	Portré
Tiza	Kréta

Astronomía
Csillagászat

Asteroide	Aszteroida
Astronauta	Űrhajós
Astrónomo	Csillagász
Cielo	Ég
Cohete	Rakéta
Constelación	Csillagkép
Cosmos	Kozmosz
Eclipse	Fogyatkozás
Galaxia	Galaxis
Gravedad	Gravitáció
Luna	Hold
Meteoro	Meteor
Nebulosa	Ködfolt
Planeta	Bolygó
Radiación	Sugárzás
Satélite	Műhold
Supernova	Szupernóva
Telescopio	Távcső
Tierra	Föld
Universo	Univerzum

Aventura
Kaland

Actividad	Tevékenység
Alegría	Öröm
Amigos	Barátok
Belleza	Szépség
Dificultad	Nehézség
Entusiasmo	Lelkesedés
Excursión	Kirándulás
Inusual	Szokatlan
Itinerario	Útvonal
Naturaleza	Természet
Navegación	Navigáció
Nuevo	Új
Oportunidad	Lehetőség
Peligroso	Veszélyes
Preparación	Előkészítés
Seguridad	Biztonság
Sorprendente	Meglepő
Valentía	Bátorság
Viajes	Utazások

Aviones
Repülőgépek

Aire	Levegő
Altura	Magasság
Aterrizaje	Leszállás
Atmósfera	Légkör
Aventura	Kaland
Cielo	Ég
Combustible	Üzemanyag
Construcción	Építés
Dirección	Irány
Diseño	Tervezés
Globo	Ballon
Hélices	Propellerek
Hidrógeno	Hidrogén
Historia	Történelem
Motor	Motor
Navegar	Hajózik
Pasajero	Utas
Piloto	Pilóta
Tripulación	Legénység
Turbulencia	Turbulencia

Baile
Tánc

Academia	Akadémia
Alegre	Vidám
Arte	Művészet
Clásico	Klasszikus
Coreografía	Koreográfia
Cuerpo	Test
Cultura	Kultúra
Cultural	Kulturális
Emoción	Érzelem
Ensayo	Próba
Expresivo	Kifejező
Gracia	Kegyelem
Movimiento	Mozgás
Música	Zene
Postura	Testtartás
Ritmo	Ritmus
Socio	Partner
Tradicional	Hagyományos
Visual	Vizuális

Ballet
Balett

Aplauso	Taps
Artístico	Művészi
Audiencia	Közönség
Bailarina	Balerina
Bailarines	Táncosok
Compositor	Zeneszerző
Coreografía	Koreográfia
Ensayo	Próba
Estilo	Stílus
Expresivo	Kifejező
Gesto	Gesztus
Habilidad	Készség
Intensidad	Intenzitás
Músculos	Izmok
Música	Zene
Orquesta	Zenekar
Práctica	Gyakorlat
Ritmo	Ritmus
Solo	Szóló
Técnica	Technika

Barbacoas
Grillezés

Almuerzo	Ebéd
Caliente	Forró
Cebollas	Hagyma
Cena	Vacsora
Cuchillos	Kések
Ensaladas	Saláták
Familia	Család
Fruta	Gyümölcs
Hambre	Éhség
Juegos	Játékok
Música	Zene
Niños	Gyermekek
Parrilla	Grill
Pimienta	Bors
Pollo	Csirke
Sal	Só
Salsa	Szósz
Tomates	Paradicsom
Verano	Nyár
Verduras	Zöldségek

Barcos
Csónakok

Ancla	Horgony
Balsa	Tutaj
Boya	Bója
Canoa	Kenu
Cuerda	Kötél
Ferry	Komp
Kayak	Kajak
Lago	Tó
Mar	Tenger
Marea	Dagály
Marinero	Tengerész
Mástil	Árboc
Motor	Motor
Náutico	Tengeri
Océano	Óceán
Olas	Hullámok
Río	Folyó
Tripulación	Legénység
Velero	Vitorlás
Yate	Jacht

Campeonato
Bajnokság

Campeonato	Bajnokság
Campeón	Bajnok
Deportes	Sport
Entrenador	Edző
Equipo	Csapat
Estrategia	Stratégia
Finalista	Döntős
Juegos	Játékok
Juez	Bíró
Liga	Liga
Medalla	Érem
Motivación	Motiváció
Rendimiento	Teljesítmény
Resistencia	Kitartás
Respirar	Lélegezni
Torneo	Torna
Transpiración	Izzadás
Victoria	Győzelem

Camping
Kemping

Animales	Állatok
Aventura	Kaland
Árboles	Fák
Bosque	Erdő
Brújula	Iránytű
Cabina	Kabin
Canoa	Kenu
Caza	Vadászat
Cuerda	Kötél
Equipo	Felszerelés
Fuego	Tűz
Hamaca	Függőágy
Insecto	Rovar
Lago	Tó
Linterna	Lámpa
Luna	Hold
Mapa	Térkép
Montaña	Hegy
Naturaleza	Természet
Sombrero	Kalap

Casa
Ház

Alfombra	Szőnyeg
Ático	Padlás
Biblioteca	Könyvtár
Chimenea	Kandalló
Cocina	Konyha
Dormitorio	Hálószoba
Ducha	Zuhany
Escoba	Seprű
Espejo	Tükör
Garaje	Garázs
Grifo	Csap
Jardín	Kert
Lámpara	Lámpa
Pared	Fal
Piso	Padló
Puerta	Ajtó
Sótano	Pince
Techo	Tető
Valla	Kerítés
Ventana	Ablak

Castillos
Kastélyok

Armadura	Páncél
Caballero	Lovag
Caballo	Ló
Catapulta	Katapult
Corona	Korona
Dinastía	Dinasztia
Dragón	Sárkány
Escudo	Pajzs
Espada	Kard
Feudal	Feudális
Fortaleza	Erőd
Imperio	Birodalom
Noble	Nemes
Palacio	Palota
Pared	Fal
Princesa	Hercegnő
Príncipe	Herceg
Reino	Királyság
Torre	Torony
Unicornio	Egyszarvú

Chocolate
Csokoládé

Amargo	Keserű
Antioxidante	Antioxidáns
Aroma	Aroma
Azúcar	Cukor
Cacao	Kakaó
Calidad	Minőség
Calorías	Kalória
Caramelo	Karamell
Coco	Kókuszdió
Comer	Enni
Delicioso	Finom
Dulce	Édes
Exótico	Egzotikus
Favorito	Kedvenc
Gusto	Íz
Ingrediente	Összetevő
Polvo	Por
Receta	Recept

Ciencia
Tudomány

Átomo	Atom
Científico	Tudós
Clima	Éghajlat
Datos	Adat
Evolución	Evolúció
Experimento	Kísérlet
Física	Fizika
Fósil	Fosszilis
Gravedad	Gravitáció
Hecho	Tény
Hipótesis	Hipotézis
Laboratorio	Laboratórium
Método	Módszer
Moléculas	Molekulák
Naturaleza	Természet
Observación	Megfigyelés
Organismo	Szervezet
Partículas	Részecskék
Plantas	Növények
Químico	Kémiai

Ciencia Ficción
Sci-Fi

Atómico	Atomi
Cine	Mozi
Distante	Távoli
Explosión	Robbanás
Extremo	Szélsőséges
Fantástico	Fantasztikus
Fuego	Tűz
Futurista	Futurisztikus
Galaxia	Galaxis
Ilusión	Illúzió
Imaginario	Képzeletbeli
Libros	Könyvek
Misterioso	Rejtélyes
Mundo	Világ
Oráculo	Jóslat
Planeta	Bolygó
Realista	Reális
Robots	Robotok
Tecnología	Technológia
Utopía	Utópia

Circo
Cirkusz

Acróbata	Akrobata
Animales	Állatok
Caramelo	Cukorka
Carpa	Sátor
Desfile	Parádé
Elefante	Elefánt
Entretener	Szórakoztat
Espectador	Néző
Globos	Léggömbök
León	Oroszlán
Magia	Mágia
Mago	Bűvész
Malabarista	Zsonglőr
Mono	Majom
Mostrar	Előadás
Música	Zene
Payaso	Bohóc
Tigre	Tigris
Traje	Jelmez
Truco	Trükk

Ciudad
Város

Aeropuerto	Repülőtér
Banco	Bank
Biblioteca	Könyvtár
Cine	Mozi
Clínica	Klinika
Escuela	Iskola
Estadio	Stadion
Farmacia	Gyógyszertár
Florista	Virágárus
Galería	Galéria
Hotel	Szálloda
Librería	Könyvesbolt
Mercado	Piac
Museo	Múzeum
Panadería	Pékség
Supermercado	Szupermarket
Teatro	Színház
Tienda	Bolt
Universidad	Egyetem
Zoo	Állatkert

Clima
Időjárás

Atmósfera	Légkör
Brisa	Szellő
Cielo	Ég
Clima	Éghajlat
Hielo	Jég
Huracán	Hurrikán
Inundación	Árvíz
Monzón	Monszun
Niebla	Köd
Nube	Felhő
Polar	Poláris
Rayo	Villám
Seco	Száraz
Sequía	Aszály
Temperatura	Hőmérséklet
Tormenta	Vihar
Tornado	Tornádó
Tropical	Trópusi
Trueno	Mennydörgés
Viento	Szél

Cocina
Konyha

Caldera	Vízforraló
Comer	Enni
Comida	Élelmiszer
Congelador	Mélyhűtő
Cucharas	Kanalak
Cucharón	Merőkanál
Cuchillos	Kések
Delantal	Kötény
Especias	Fűszerek
Esponja	Szivacs
Horno	Sütő
Jarra	Kancsó
Parrilla	Grill
Receta	Recept
Refrigerador	Hűtőszekrény
Servilleta	Szalvéta
Tarro	Korsó
Tazas	Csészék
Tazón	Tál
Tenedores	Villa

Colores
Színek

Amarillo	Sárga
Azul	Kék
Beige	Bézs
Blanco	Fehér
Cian	Cián
Fucsia	Fukszia
Gris	Szürke
Índigo	Indigó
Magenta	Bíborvörös
Marrón	Barna
Naranja	Narancs
Negro	Fekete
Púrpura	Lila
Rojo	Piros
Rosa	Rózsaszín
Sepia	Szépia
Verde	Zöld
Violeta	Ibolya

Comida #1
Élelmiszer #1

Ajo	Fokhagyma
Albahaca	Bazsalikom
Atún	Tonhal
Azúcar	Cukor
Canela	Fahéj
Carne	Hús
Cebada	Árpa
Cebolla	Hagyma
Ensalada	Saláta
Espinacas	Spenót
Fresa	Eper
Jugo	Gyümölcslé
Leche	Tej
Limón	Citrom
Menta	Menta
Nabo	Fehérrépa
Pera	Körte
Sal	Só
Sopa	Leves
Zanahoria	Sárgarépa

Comida #2
Élelmiszer # 2

Alcachofa	Articsóka
Almendra	Mandula
Apio	Zeller
Arroz	Rizs
Berenjena	Padlizsán
Cereza	Cseresznye
Chocolate	Csokoládé
Girasol	Napraforgó
Huevo	Tojás
Jengibre	Gyömbér
Kiwi	Kivi
Manzana	Alma
Pan	Kenyér
Plátano	Banán
Pollo	Csirke
Queso	Sajt
Tomate	Paradicsom
Trigo	Búza
Uva	Szőlő
Yogur	Joghurt

Conduciendo
Vezetés

Accidente	Baleset
Calle	Utca
Camión	Kamion
Coche	Autó
Combustible	Üzemanyag
Frenos	Fékek
Garaje	Garázs
Gas	Gáz
Licencia	Engedély
Mapa	Térkép
Motocicleta	Motorkerékpár
Motor	Motor
Peatonal	Gyalogos
Peligro	Veszély
Policía	Rendőrség
Seguridad	Biztonság
Transporte	Szállítás
Tráfico	Forgalom
Túnel	Alagút
Velocidad	Sebesség

Conservación
Természetvédelmi

Agua	Víz
Ambiental	Környezeti
Cambios	Változások
Ciclo	Ciklus
Clima	Éghajlat
Contaminación	Szennyezés
Ecosistema	Ökoszisztéma
Educación	Oktatás
Hábitat	Élőhely
Natural	Természetes
Orgánico	Szerves
Pesticida	Peszticid
Reciclar	Újrahasznosít
Reducir	Csökkentés
Salud	Egészség
Sostenible	Fenntartható
Verde	Zöld
Voluntario	Önkéntes

Cuerpo Humano
Emberi Test

Barbilla	Áll
Boca	Száj
Cabeza	Fej
Cara	Arc
Cerebro	Agy
Codo	Könyök
Corazón	Szív
Cuello	Nyak
Dedo	Ujj
Hombro	Váll
Lengua	Nyelv
Mano	Kéz
Nariz	Orr
Ojo	Szem
Oreja	Fül
Piel	Bőr
Pierna	Láb
Rodilla	Térd
Sangre	Vér
Tobillo	Boka

Cumpleaños
Születésnap

Alegre	Vidám
Amigos	Barátok
Año	Év
Aprender	Tanulni
Calendario	Naptár
Canción	Dal
Celebración	Ünneplés
Día	Nap
Especial	Különleges
Feliz	Boldog
Invitaciones	Meghívók
Joven	Fiatal
Nacer	Született
Pastel	Torta
Recuerdos	Emlékek
Regalo	Ajándék
Sabiduría	Bölcsesség
Tarjetas	Kártyák
Tiempo	Idő
Velas	Gyertyák

Deportes
Sport

Atleta	Atléta
Árbitro	Játékvezető
Baloncesto	Kosárlabda
Béisbol	Baseball
Bicicleta	Kerékpár
Campeonato	Bajnokság
Entrenador	Edző
Equipo	Csapat
Estadio	Stadion
Ganador	Győztes
Gimnasia	Torna
Golf	Golf
Hockey	Hoki
Juego	Játék
Jugador	Játékos
Movimiento	Mozgás
Nadar	Úszni
Tenis	Tenisz

Dinosaurios
Dinoszauruszok

Alas	Szárnyak
Carnívoro	Húsevő
Cola	Farok
Desaparición	Eltűnés
Enorme	Hatalmas
Especie	Faj
Evolución	Evolúció
Fósiles	Fosszíliák
Grande	Nagy
Herbívoro	Növényevő
Mamut	Mamut
Omnívoro	Mindenevő
Poderoso	Erős
Prehistórico	Őskori
Presa	Zsákmány
Raptor	Raptor
Reptil	Hüllő
Tamaño	Méret
Tierra	Föld
Vicioso	Gonosz

Disciplinas Científicas
Tudományos Tudományágak

Anatomía	Anatómia
Arqueología	Régészet
Astronomía	Csillagászat
Biología	Biológia
Bioquímica	Biokémia
Botánica	Botanika
Ecología	Ökológia
Fisiología	Fiziológia
Geología	Geológia
Inmunología	Immunológia
Lingüística	Nyelvészet
Mecánica	Mechanika
Meteorología	Meteorológia
Mineralogía	Ásványtan
Neurología	Neurológia
Psicología	Pszichológia
Química	Kémia
Sociología	Szociológia
Termodinámica	Termodinamika
Zoología	Állattan

Días y Meses
Napok és Hónapok

Abril	Április
Agosto	Augusztus
Año	Év
Calendario	Naptár
Domingo	Vasárnap
Enero	Január
Febrero	Február
Jueves	Csütörtök
Julio	Július
Junio	Június
Lunes	Hétfő
Martes	Kedd
Mes	Hónap
Miércoles	Szerda
Noviembre	November
Octubre	Október
Sábado	Szombat
Semana	Hét
Septiembre	Szeptember
Viernes	Péntek

Ecología
Ökológia

Clima	Éghajlat
Comunidades	Közösségek
Diversidad	Sokféleség
Especie	Faj
Fauna	Fauna
Flora	Növényvilág
Global	Globális
Hábitat	Élőhely
Marino	Tengeri
Natural	Természetes
Naturaleza	Természet
Pantano	Mocsár
Plantas	Növények
Recursos	Források
Sequía	Aszály
Sostenible	Fenntartható
Supervivencia	Túlélés
Variedad	Fajta
Vegetación	Növényzet
Voluntarios	Önkéntesek

Edificios
Épületek

Albergue	Szálló
Apartamento	Lakás
Cabina	Kabin
Castillo	Vár
Cine	Mozi
Embajada	Nagykövetség
Escuela	Iskola
Estadio	Stadion
Fábrica	Gyár
Garaje	Garázs
Granero	Pajta
Granja	Gazdaság
Hospital	Kórház
Hotel	Szálloda
Laboratorio	Laboratórium
Museo	Múzeum
Supermercado	Szupermarket
Teatro	Színház
Torre	Torony
Universidad	Egyetem

Emociones
Érzelmek

Aburrimiento	Unalom
Agradecido	Hálás
Alegría	Öröm
Amor	Szeretet
Avergonzado	Zavart
Beatitud	Boldogság
Bondad	Kedvesség
Calma	Nyugodt
Contenido	Tartalom
Emocionado	Izgatott
Ira	Harag
Miedo	Félelem
Paz	Béke
Satisfecho	Elégedett
Simpatía	Szimpátia
Sorpresa	Meglepetés
Ternura	Gyengédség
Tranquilidad	Nyugalom
Tristeza	Szomorúság

Escalada
Hegymászás

Altitud	Magasság
Atmósfera	Légkör
Botas	Csizma
Casco	Sisak
Cueva	Barlang
Curiosidad	Kíváncsiság
Estabilidad	Stabilitás
Estrecho	Keskeny
Experto	Szakértő
Físico	Fizikai
Formación	Képzés
Fuerza	Erő
Guantes	Kesztyű
Guías	Útmutatók
Lesión	Sérülés
Mapa	Térkép
Senderismo	Túrázás
Terreno	Terep

Escuela #1
Iskola #1

Alfabeto	Ábécé
Almuerzo	Ebéd
Amigos	Barátok
Aprender	Tanulni
Aula	Tanterem
Biblioteca	Könyvtár
Carpetas	Mappák
Diversión	Móka
Escritorio	Íróasztal
Examen	Kvíz
Exámenes	Vizsgák
Lápiz	Ceruza
Libros	Könyvek
Matemática	Matematika
Números	Számok
Papel	Papír
Plumas	Toll
Profesor	Tanár
Respuestas	Válaszok
Silla	Szék

Escuela #2
Iskola #2

Académico	Akadémiai
Autobús	Busz
Biblioteca	Könyvtár
Calendario	Naptár
Ciencia	Tudomány
Diccionario	Szótár
Educación	Oktatás
Gramática	Nyelvtan
Juegos	Játékok
Lápiz	Ceruza
Lectura	Olvasás
Libros	Könyvek
Literatura	Irodalom
Mochila	Hátizsák
Ordenador	Számítógép
Papel	Papír
Profesor	Tanár
Ropa	Ruhák
Suministros	Kellékek
Tijeras	Olló

Especias
Fűszerek

Agrio	Savanyú
Ajo	Fokhagyma
Amargo	Keserű
Anís	Ánizs
Azafrán	Sáfrány
Canela	Fahéj
Cebolla	Hagyma
Clavo	Szegfűszeg
Comino	Kömény
Curry	Curry
Dulce	Édes
Hinojo	Édeskömény
Jengibre	Gyömbér
Nuez Moscada	Szerecsendió
Pimentón	Paprika
Pimienta	Bors
Regaliz	Édesgyökér
Sabor	Íz
Sal	Só
Vainilla	Vanília

Exploración
Felfedezés

Actividad	Tevékenység
Agotamiento	Kimerültség
Animales	Állatok
Aprender	Tanulni
Coraje	Bátorság
Culturas	Kultúrák
Desconocido	Ismeretlen
Descubrimiento	Felfedezés
Determinación	Meghatározás
Distante	Távoli
Emoción	Izgalom
Espacio	Tér
Idioma	Nyelv
Nuevo	Új
Peligroso	Veszélyes
Salvaje	Vad
Terreno	Terep
Viaje	Utazás

Familia
Család

Abuela	Nagymama
Abuelo	Nagyapa
Antepasado	Ős
Esposa	Feleség
Hermano	Testvér
Hija	Lánya
Infancia	Gyermekkor
Madre	Anya
Marido	Férj
Materno	Anyai
Nieto	Unoka
Niño	Gyermek
Niños	Gyermekek
Padre	Apa
Paterno	Apai
Primo	Unokatestvér
Sobrina	Unokahúg
Sobrino	Unokaöcs
Tía	Néni
Tío	Nagybácsi

Flores
Virágok

Amapola	Mák
Caléndula	Körömvirág
Diente de León	Pitypang
Gardenia	Gardénia
Girasol	Napraforgó
Hibisco	Hibiszkusz
Jazmín	Jázmin
Lavanda	Levendula
Lila	Halványlila
Lirio	Liliom
Magnolia	Magnólia
Margarita	Százszorszép
Narciso	Nárcisz
Orquídea	Orchidea
Peonía	Bazsarózsa
Pétalo	Szirom
Ramo	Csokor
Rosa	Rózsa
Trébol	Lóhere
Tulipán	Tulipán

Formas
Alakzatok

Arco	Ív
Bordes	Élek
Cilindro	Henger
Círculo	Kör
Cono	Kúp
Cuadrado	Négyzet
Cubo	Kocka
Elipse	Ellipszis
Esfera	Gömb
Esquina	Sarok
Hipérbola	Hiperbola
Lado	Oldal
Línea	Vonal
Oval	Ovális
Pirámide	Piramis
Polígono	Poligon
Prisma	Prizma
Rectángulo	Téglalap
Ronda	Kerek
Triángulo	Háromszög

Fruta
Gyümölcs

Aguacate	Avokádó
Albaricoque	Sárgabarack
Baya	Bogyó
Cereza	Cseresznye
Coco	Kókuszdió
Frambuesa	Málna
Guayaba	Gujávafa
Kiwi	Kivi
Limón	Citrom
Mango	Mangó
Manzana	Alma
Melocotón	Őszibarack
Melón	Dinnye
Naranja	Narancs
Nectarina	Nektarin
Papaya	Papaja
Pera	Körte
Piña	Ananász
Plátano	Banán
Uva	Szőlő

Gatos
Macskák

Cazador	Vadász
Cola	Farok
Curioso	Kíváncsi
Dormir	Alvás
Garra	Karom
Gracioso	Vicces
Hilo	Fonal
Independiente	Független
Juguetón	Játékos
Loco	Őrült
Pata	Mancs
Personalidad	Személyiség
Piel	Szőrme
Poco	Kis
Ratón	Egér
Rápido	Gyors
Salvaje	Vad
Tímido	Félénk

Geografía
Földrajz

Altitud	Magasság
Atlas	Atlasz
Ciudad	Város
Continente	Kontinens
Hemisferio	Félteke
Isla	Sziget
Latitud	Szélesség
Longitud	Hosszúság
Mapa	Térkép
Mar	Tenger
Meridiano	Meridián
Montaña	Hegy
Mundo	Világ
Norte	Észak
Oeste	Nyugat
País	Ország
Región	Vidék
Río	Folyó
Sur	Dél
Territorio	Terület

Geología
Geológia

Ácido	Sav
Calcio	Kalcium
Capa	Réteg
Caverna	Barlang
Continente	Kontinens
Coral	Korall
Cristales	Kristályok
Cuarzo	Kvarc
Erosión	Erózió
Estalactita	Cseppkő
Estalagmitas	Sztalagmitok
Fósil	Fosszilis
Géiser	Gejzír
Lava	Láva
Meseta	Fennsík
Piedra	Kő
Sal	Só
Terremoto	Földrengés
Volcán	Vulkán
Zona	Zóna

Granja #1
Gazdaság #1

Abeja	Méh
Agricultura	Mezőgazdaság
Agua	Víz
Arroz	Rizs
Burro	Szamár
Caballo	Ló
Cabra	Kecske
Campo	Mező
Cuervo	Varjú
Fertilizante	Trágya
Gato	Macska
Heno	Széna
Miel	Méz
Perro	Kutya
Pollo	Csirke
Semillas	Magok
Ternero	Borjú
Tierra	Föld
Vaca	Tehén
Valla	Kerítés

Granja #2
2. Gazdaság

Agricultor	Gazda
Animales	Állatok
Cebada	Árpa
Colmena	Méhkas
Comida	Élelmiszer
Cordero	Bárány
Fruta	Gyümölcs
Granero	Pajta
Huerto	Gyümölcsös
Leche	Tej
Llama	Láma
Maíz	Kukorica
Oveja	Juh
Pastor	Pásztor
Pato	Kacsa
Prado	Rét
Riego	Öntözés
Tractor	Traktor
Trigo	Búza
Vegetal	Növényi

Herboristería
Herbalism

Ajo	Fokhagyma
Albahaca	Bazsalikom
Aromático	Aromás
Azafrán	Sáfrány
Calidad	Minőség
Culinario	Konyhai
Eneldo	Kapor
Estragón	Tárkony
Flor	Virág
Hinojo	Édeskömény
Ingrediente	Összetevő
Jardín	Kert
Lavanda	Levendula
Mejorana	Majoránna
Menta	Menta
Perejil	Petrezselyem
Planta	Növény
Romero	Rozmaring
Sabor	Íz
Verde	Zöld

Insectos
Rovarok

Abeja	Méh
Avispa	Darázs
Áfido	Levéltetű
Cigarra	Kabóca
Cucaracha	Csótány
Escarabajo	Bogár
Gusano	Féreg
Hormiga	Hangya
Larva	Lárva
Libélula	Szitakötő
Mantis	Sáska
Mariposa	Pillangó
Mariquita	Katicabogár
Mosquito	Szúnyog
Polilla	Moly
Pulga	Bolha
Saltamontes	Szöcske
Termita	Termesz

Instrumentos Musicales
Hangszerek

Armónica	Harmonika
Arpa	Hárfa
Banjo	Bendzsó
Clarinete	Klarinét
Fagot	Fagott
Flauta	Fuvola
Gong	Gong
Guitarra	Gitár
Mandolina	Mandolin
Marimba	Marimba
Oboe	Oboa
Pandereta	Csörgődob
Piano	Zongora
Saxofón	Szaxofon
Tambor	Dob
Trombón	Harsona
Trompeta	Trombita
Violín	Hegedű
Violonchelo	Cselló

Jardín
Kert

Arbusto	Bokor
Árbol	Fa
Banco	Pad
Césped	Gyep
Estanque	Tavacska
Flor	Virág
Garaje	Garázs
Hamaca	Függőágy
Hierba	Fű
Huerto	Gyümölcsös
Jardín	Kert
Malezas	Gyomok
Manguera	Tömlő
Pala	Lapát
Porche	Tornác
Rastrillo	Gereblye
Suelo	Talaj
Terraza	Terasz
Trampolín	Trambulin
Valla	Kerítés

Juguetes
Játékok

Ajedrez	Sakk
Arcilla	Agyag
Artesanía	Kézművesség
Avión	Repülőgép
Barco	Hajó
Bicicleta	Kerékpár
Bola	Labda
Camión	Kamion
Coche	Autó
Cometa	Sárkány
Favorito	Kedvenc
Imaginación	Képzelet
Juegos	Játékok
Libros	Könyvek
Muñeca	Baba
Pinturas	Festékek
Robot	Robot
Rompecabezas	Puzzle
Tambores	Dobok
Tren	Vonat

Libros
Könyvek

Autor	Szerző
Aventura	Kaland
Colección	Gyűjtemény
Contexto	Kontextus
Dualidad	Kettősség
Escrito	Írott
Historia	Történet
Histórico	Történelmi
Humorístico	Tréfás
Inventivo	Találékony
Lector	Olvasó
Literario	Irodalmi
Narrador	Narrátor
Novela	Regény
Página	Oldal
Pertinente	Ide Vonatkozó
Poema	Vers
Poesía	Költészet
Serie	Sorozat
Trágico	Tragikus

Literatura
Irodalom

Analogía	Analógia
Análisis	Elemzés
Anécdota	Anekdota
Autor	Szerző
Biografía	Életrajz
Conclusión	Következtetés
Descripción	Leírás
Diálogo	Párbeszéd
Estilo	Stílus
Ficción	Fikció
Metáfora	Metafora
Narrador	Narrátor
Novela	Regény
Opinión	Vélemény
Poema	Vers
Poético	Költői
Rima	Rím
Ritmo	Ritmus
Tema	Téma
Tragedia	Tragédia

Mamíferos
Emlősök

Ballena	Bálna
Burro	Szamár
Caballo	Ló
Camello	Teve
Canguro	Kenguru
Cebra	Zebra
Conejo	Nyúl
Coyote	Prérifarkas
Delfín	Delfin
Elefante	Elefánt
Gato	Macska
Gorila	Gorilla
Jirafa	Zsiráf
Lobo	Farkas
Mono	Majom
Oso	Medve
Oveja	Juh
Perro	Kutya
Toro	Bika
Zorro	Róka

Mascotas
Háziállatok

Agua	Víz
Cabra	Kecske
Cachorro	Kiskutya
Cola	Farok
Collar	Gallér
Comida	Élelmiszer
Conejo	Nyúl
Correa	Póráz
Gatito	Cica
Gato	Macska
Hámster	Hörcsög
Lagarto	Gyík
Loro	Papagáj
Patas	Mancsok
Perro	Kutya
Pescado	Hal
Ratón	Egér
Tortuga	Teknős
Vaca	Tehén
Veterinario	Állatorvos

Matemáticas
Matematika

Aritmética	Számtan
Ángulos	Szögek
Cuadrado	Négyzet
Decimal	Tizedes
Diámetro	Átmérő
Ecuación	Egyenlet
Esfera	Gömb
Exponente	Kitevő
Fracción	Töredék
Geometría	Geometria
Números	Számok
Paralelo	Párhuzamos
Perímetro	Kerület
Perpendicular	Merőleges
Polígono	Poligon
Radio	Sugár
Rectángulo	Téglalap
Simetría	Szimmetria
Suma	Összeg
Triángulo	Háromszög

Mediciones
Mérések

Altura	Magasság
Ancho	Szélesség
Byte	Bájt
Centímetro	Centiméter
Decimal	Tizedes
Grado	Fokozat
Gramo	Gramm
Kilogramo	Kilogramm
Kilómetro	Kilométer
Litro	Liter
Longitud	Hossz
Masa	Tömeg
Metro	Mérő
Minuto	Perc
Onza	Uncia
Peso	Súly
Pinta	Pint
Profundidad	Mélység
Pulgada	Hüvelyk
Tonelada	Tonna

Meditación
Elmélkedés

Aceptación	Elfogadás
Atención	Figyelem
Bondad	Kedvesség
Calma	Nyugodt
Claridad	Világosság
Compasión	Együttérzés
Emociones	Érzelmek
Gratitud	Hála
Mental	Mentális
Mente	Elme
Movimiento	Mozgás
Música	Zene
Naturaleza	Természet
Observación	Megfigyelés
Paz	Béke
Pensamientos	Gondolatok
Perspectiva	Perspektíva
Postura	Testtartás
Respiración	Légzés
Silencio	Csend

Mitología
Mitológia

Arquetipo	Archetípus
Celos	Féltékenység
Cielo	Menny
Comportamiento	Viselkedés
Creación	Teremtés
Creencias	Hiedelmek
Criatura	Teremtmény
Cultura	Kultúra
Deidades	Istenségek
Desastre	Katasztrófa
Fuerza	Erő
Guerrero	Harcos
Héroe	Hős
Laberinto	Labirintus
Leyenda	Legenda
Monstruo	Szörny
Mortal	Halandó
Rayo	Villám
Trueno	Mennydörgés
Venganza	Bosszú

Mueble
Bútor

Alfombra	Szőnyeg
Almohada	Párna
Armario	Armoire
Banco	Pad
Cama	Ágy
Cojines	Párnák
Colchón	Matrac
Cortinas	Függönyök
Cómoda	Komód
Edredones	Paplanok
Escritorio	Íróasztal
Espejo	Tükör
Estantería	Könyvespolc
Estantes	Polcok
Futón	Futon
Hamaca	Függőágy
Lámpara	Lámpa
Silla	Szék
Sillón	Fotel
Sofá	Kanapé

Naturaleza
Természet

Abejas	Méhek
Animales	Állatok
Ártico	Sarkvidéki
Belleza	Szépség
Bosque	Erdő
Desierto	Sivatag
Dinámico	Dinamikus
Erosión	Erózió
Follaje	Lombozat
Glaciar	Gleccser
Niebla	Köd
Nubes	Felhők
Pacífico	Békés
Refugio	Menedék
Río	Folyó
Salvaje	Vad
Santuario	Szentély
Sereno	Derűs
Tropical	Trópusi
Vital	Létfontosságú

Nutrición
Teljesítmény

Amargo	Keserű
Apetito	Étvágy
Calidad	Minőség
Calorías	Kalória
Carbohidratos	Szénhidrátok
Cereales	Gabonafélék
Comestible	Ehető
Dieta	Diéta
Digestión	Emésztés
Fermentación	Erjesztés
Hábitos	Szokások
Nutriente	Tápanyag
Peso	Súly
Proteínas	Fehérjék
Sabor	Íz
Salsa	Szósz
Salud	Egészség
Saludable	Egészséges
Toxina	Toxin
Vitamina	Vitamin

Números
Számok

Catorce	Tizennégy
Cero	Nulla
Cinco	Öt
Cuatro	Négy
Decimal	Tizedes
Diecinueve	Tizenkilenc
Dieciocho	Tizennyolc
Dieciséis	Tizenhat
Diecisiete	Tizenhét
Diez	Tíz
Doce	Tizenkettő
Dos	Kettő
Nueve	Kilenc
Ocho	Nyolc
Quince	Tizenöt
Seis	Hat
Siete	Hét
Trece	Tizenhárom
Tres	Három
Veinte	Húsz

Océano
Óceán

Alga	Alga
Anguila	Angolna
Arrecife	Zátony
Atún	Tonhal
Ballena	Bálna
Barco	Hajó
Camarón	Garnélarák
Cangrejo	Rák
Coral	Korall
Delfín	Delfin
Esponja	Szivacs
Mareas	Árapály
Medusa	Medúza
Ostra	Osztriga
Pescado	Hal
Pulpo	Polip
Sal	Só
Tiburón	Cápa
Tormenta	Vihar
Tortuga	Teknős

Paisajes
Tájképek

Cascada	Vízesés
Cueva	Barlang
Desierto	Sivatag
Estuario	Torkolat
Géiser	Gejzír
Glaciar	Gleccser
Iceberg	Jéghegy
Isla	Sziget
Lago	Tó
Laguna	Lagúna
Mar	Tenger
Montaña	Hegy
Oasis	Oázis
Pantano	Mocsár
Península	Félsziget
Playa	Strand
Río	Folyó
Tundra	Tundra
Valle	Völgy
Volcán	Vulkán

Países #2
Országok #2

Albania	Albánia
Australia	Ausztrália
Austria	Ausztria
Dinamarca	Dánia
Etiopía	Etiópia
Francia	Franciaország
Grecia	Görögország
Indonesia	Indonézia
Irlanda	Írország
Jamaica	Jamaica
Japón	Japán
Laos	Laosz
México	Mexikó
Pakistán	Pakisztán
Portugal	Portugália
Rusia	Oroszország
Siria	Szíria
Sudán	Szudán
Ucrania	Ukrajna
Uganda	Uganda

Pájaros
Madarak

Avestruz	Strucc
Águila	Sas
Cigüeña	Gólya
Cisne	Hattyú
Cuco	Kakukk
Cuervo	Varjú
Flamenco	Flamingó
Ganso	Liba
Garza	Gém
Gaviota	Sirály
Gorrión	Veréb
Halcón	Sólyom
Huevo	Tojás
Loro	Papagáj
Paloma	Galamb
Pato	Kacsa
Pelícano	Pelikán
Pingüino	Pingvin
Pollo	Csirke
Tucán	Tukán

Pesca
Halászat

Agua	Víz
Aletas	Uszonyok
Barco	Hajó
Branquias	Kopoltyúk
Cable	Drót
Cebo	Csali
Cesta	Kosár
Cocinar	Szakács
Equipo	Felszerelés
Exageración	Túlzás
Gancho	Horog
Lago	Tó
Mandíbula	Állkapocs
Océano	Óceán
Paciencia	Türelem
Peso	Súly
Playa	Strand
Río	Folyó
Temporada	Évszak

Piratas
Kalózok

Ancla	Horgony
Aventura	Kaland
Bandera	Zászló
Brújula	Iránytű
Capitán	Kapitány
Cicatriz	Heg
Cueva	Barlang
Espada	Kard
Isla	Sziget
Leyenda	Legenda
Loro	Papagáj
Malo	Rossz
Mapa	Térkép
Monedas	Érmék
Oro	Arany
Peligro	Veszély
Playa	Strand
Ron	Rum
Tesoro	Kincs
Tripulación	Legénység

Plantas
Növények

Arbusto	Bokor
Árbol	Fa
Bambú	Bambusz
Baya	Bogyó
Bosque	Erdő
Botánica	Botanika
Cactus	Kaktusz
Fertilizante	Trágya
Flor	Virág
Flora	Növényvilág
Follaje	Lombozat
Frijol	Bab
Hiedra	Borostyán
Hierba	Fű
Hoja	Levél
Jardín	Kert
Musgo	Moha
Pétalo	Szirom
Raíz	Gyökér
Vegetación	Növényzet

Playa
Strand

Arena	Homok
Arrecife	Zátony
Azul	Kék
Barco	Hajó
Cangrejo	Rák
Costa	Part
Isla	Sziget
Laguna	Lagúna
Mar	Tenger
Nadar	Úszni
Océano	Óceán
Paraguas	Esernyő
Sandalias	Szandál
Sol	Nap
Toalla	Törülköző
Vacaciones	Nyaralás
Velero	Vitorlás

Profesiones #1
Foglalkozások #1

Abogado	Ügyvéd
Astrónomo	Csillagász
Atleta	Atléta
Bailarín	Táncos
Banquero	Bankár
Bombero	Tűzoltó
Cartógrafo	Térképész
Cazador	Vadász
Científico	Tudós
Doctor	Orvos
Editor	Szerkesztő
Embajador	Nagykövet
Enfermera	Ápoló
Entrenador	Edző
Geólogo	Geológus
Joyero	Ékszerész
Músico	Zenész
Pianista	Zongorista
Psicólogo	Pszichológus
Veterinario	Állatorvos

Profesiones #2
Foglalkozások #2

Astronauta	Űrhajós
Bibliotecario	Könyvtáros
Biólogo	Biológus
Cirujano	Sebész
Dentista	Fogorvos
Detective	Nyomozó
Filósofo	Filozófus
Fotógrafo	Fotós
Ilustrador	Illusztrátor
Ingeniero	Mérnök
Inventor	Feltaláló
Investigador	Kutató
Jardinero	Kertész
Lingüista	Nyelvész
Médico	Orvos
Periodista	Újságíró
Piloto	Pilóta
Pintor	Festő
Profesor	Tanár
Zoólogo	Zoológus

Rellenar
Töltse Ki

Bandeja	Tálca
Bañera	Kád
Barril	Hordó
Bolsa	Táska
Bolsillo	Zseb
Botella	Üveg
Caja	Doboz
Cajón	Fiók
Carpeta	Mappa
Cartón	Karton
Cesta	Kosár
Cubo	Vödör
Jarrón	Váza
Maleta	Bőrönd
Paquete	Csomag
Sobre	Boríték
Tarro	Korsó
Tubo	Cső

Restaurante #1
Étterem #1

Alergia	Allergia
Café	Kávé
Cajero	Pénztáros
Camarera	Pincérnő
Carne	Hús
Cocina	Konyha
Comer	Enni
Comida	Élelmiszer
Cuchillo	Kés
Ingredientes	Összetevők
Menú	Menü
Pan	Kenyér
Picante	Fűszeres
Plato	Tányér
Pollo	Csirke
Postre	Desszert
Reserva	Foglalás
Salsa	Szósz
Servilleta	Szalvéta
Tazón	Tál

Restaurante #2
Étterem #2

Agua	Víz
Almuerzo	Ebéd
Aperitivo	Előétel
Bebida	Ital
Camarero	Pincér
Cena	Vacsora
Cuchara	Kanál
Delicioso	Finom
Ensalada	Saláta
Especias	Fűszerek
Fruta	Gyümölcs
Hielo	Jég
Huevos	Tojás
Pastel	Torta
Pescado	Hal
Sal	Só
Silla	Szék
Sopa	Leves
Tenedor	Villa
Verduras	Zöldségek

Ropa
Ruházat

Abrigo	Kabát
Blusa	Blúz
Bufanda	Sál
Camisa	Ing
Chaqueta	Dzseki
Cinturón	Öv
Collar	Nyaklánc
Delantal	Kötény
Falda	Szoknya
Guantes	Kesztyű
Joyas	Ékszerek
Moda	Divat
Pantalones	Nadrág
Pijama	Pizsama
Pulsera	Karkötő
Sandalias	Szandál
Sombrero	Kalap
Suéter	Pulóver
Vestido	Ruha
Zapato	Cipő

Selva Tropical
Esőerdők

Anfibios	Kétéltűek
Botánico	Botanika
Clima	Éghajlat
Comunidad	Közösség
Diversidad	Sokféleség
Especie	Faj
Insectos	Rovarok
Mamíferos	Emlősök
Musgo	Moha
Naturaleza	Természet
Nubes	Felhők
Pájaros	Madarak
Preservación	Megőrzés
Refugio	Menedék
Respeto	Tisztelet
Restauración	Helyreállítás
Selva	Dzsungel
Supervivencia	Túlélés
Valioso	Értékes

Senderismo
Túrázás

Acantilado	Szikla
Agua	Víz
Animales	Állatok
Botas	Csizma
Camping	Kemping
Cansado	Fáradt
Clima	Éghajlat
Guías	Útmutatók
Mapa	Térkép
Montaña	Hegy
Mosquitos	Szúnyogok
Naturaleza	Természet
Orientación	Orientáció
Parques	Parkok
Pesado	Nehéz
Piedras	Kövek
Preparación	Előkészítés
Salvaje	Vad
Sol	Nap

Suministros de Arte
Művészeti Kellékek

Aceite	Olaj
Acrílico	Akril
Acuarelas	Akvarellek
Agua	Víz
Arcilla	Agyag
Borrador	Radír
Caballete	Festőállvány
Cámara	Kamera
Cepillos	Ecsetek
Colores	Színek
Creatividad	Kreativitás
Ideas	Ötletek
Lápices	Ceruzák
Mesa	Asztal
Papel	Papír
Pasteles	Pasztell
Pegamento	Ragasztó
Pinturas	Festékek
Silla	Szék
Tinta	Tinta

Surf
Szörfözés

Arrecife	Zátony
Atleta	Atléta
Campeón	Bajnok
Clima	Időjárás
Diversión	Móka
Espuma	Hab
Estilo	Stílus
Estómago	Gyomor
Extremo	Szélsőséges
Fuerza	Erő
Multitudes	Tömeg
Nadar	Úszni
Océano	Óceán
Ola	Hullám
Playa	Strand
Popular	Népszerű
Principiante	Kezdő
Rociar	Spray
Velocidad	Sebesség

Tecnología
Technológia

Archivo	Fájl
Blog	Blog
Bytes	Bájt
Cámara	Kamera
Cursor	Kurzor
Datos	Adat
Digital	Digitális
Estadísticas	Statisztika
Fuente	Betűtípus
Internet	Internet
Investigación	Kutatás
Mensaje	Üzenet
Navegador	Böngésző
Ordenador	Számítógép
Pantalla	Képernyő
Seguridad	Biztonság
Software	Szoftver
Virtual	Virtuális
Virus	Vírus

Tiempo
Idő

Ahora	Most
Antes	Előtt
Anual	Éves
Año	Év
Ayer	Tegnap
Calendario	Naptár
Década	Évtized
Día	Nap
Futuro	Jövő
Hora	Óra
Hoy	Ma
Mañana	Reggel
Mediodía	Dél
Mes	Hónap
Minuto	Perc
Momento	Pillanat
Noche	Éjszaka
Semana	Hét
Siglo	Század
Temprano	Korai

Tipos de Cabello
Haj Típusok

Blanco	Fehér
Brillante	Fényes
Calvo	Kopasz
Corto	Rövid
Delgada	Vékony
Gris	Szürke
Grueso	Vastag
Largo	Hosszú
Marrón	Barna
Negro	Fekete
Ondulado	Hullámos
Plata	Ezüst
Rizado	Göndör
Rizos	Fürtök
Rubio	Szőke
Saludable	Egészséges
Seco	Száraz
Suave	Puha
Trenzado	Fonott
Trenzas	Zsinór

Vacaciones #1
Nyaralás #1

Aduana	Vám
Avión	Repülőgép
Billete	Jegy
Coche	Autó
Expedición	Expedíció
Ir	Menni
Itinerario	Útvonal
Lago	Tó
Maleta	Bőrönd
Mochila	Hátizsák
Moneda	Valuta
Museo	Múzeum
Nadar	Úszni
Paraguas	Esernyő
Relajación	Kikapcsolódás
Salida	Indulás
Tranvía	Villamos
Turista	Turista

Vacaciones #2
Nyaralás #2

Aeropuerto	Repülőtér
Carpa	Sátor
Extranjero	Külföldi
Fotos	Fotók
Hotel	Szálloda
Isla	Sziget
Mapa	Térkép
Mar	Tenger
Montañas	Hegyek
Ocio	Szabadidő
Pasaporte	Útlevél
Playa	Strand
Reservas	Foglalások
Restaurante	Étterem
Taxi	Taxi
Transporte	Szállítás
Tren	Vonat
Vacaciones	Nyaralás
Viaje	Utazás
Visa	Vízum

Vehículos
Járművek

Ambulancia	Mentőautó
Autobús	Busz
Avión	Repülőgép
Balsa	Tutaj
Barco	Hajó
Bicicleta	Kerékpár
Camión	Kamion
Caravana	Lakókocsi
Coche	Autó
Cohete	Rakéta
Ferry	Komp
Furgoneta	Furgon
Helicóptero	Helikopter
Metro	Metró
Motor	Motor
Neumáticos	Gumik
Scooter	Robogó
Taxi	Taxi
Tractor	Traktor
Tren	Vonat

Verano
Nyár

Alegría	Öröm
Amigos	Barátok
Buceo	Búvárkodás
Comida	Élelmiszer
Estrellas	Csillagok
Familia	Család
Hogar	Otthon
Jardín	Kert
Juegos	Játékok
Libros	Könyvek
Mar	Tenger
Música	Zene
Nadar	Úszni
Ocio	Szabadidő
Playa	Strand
Recuerdos	Emlékek
Relajación	Kikapcsolódás
Sandalias	Szandál
Vacaciones	Nyaralás
Viaje	Utazás

Verduras
Zöldségfélék

Ajo	Fokhagyma
Alcachofa	Articsóka
Apio	Zeller
Berenjena	Padlizsán
Brócoli	Brokkoli
Calabaza	Tök
Cebolla	Hagyma
Ensalada	Saláta
Espinacas	Spenót
Guisante	Borsó
Jengibre	Gyömbér
Nabo	Fehérrépa
Oliva	Olajbogyó
Patata	Burgonya
Pepino	Uborka
Perejil	Petrezselyem
Rábano	Retek
Seta	Gomba
Tomate	Paradicsom
Zanahoria	Sárgarépa

Virtudes #1
Erények #1

Apasionado	Szenvedélyes
Artístico	Művészi
Bien	Jó
Curioso	Kíváncsi
Decisivo	Döntő
Eficiente	Hatékony
Encantador	Bájos
Fiable	Megbízható
Generoso	Nagylelkű
Gracioso	Vicces
Independiente	Független
Inteligente	Intelligens
Limpio	Tiszta
Modesto	Szerény
Paciente	Beteg
Práctico	Gyakorlati
Sabio	Bölcs
Útil	Hasznos

Enhorabuena

Lo has conseguido!

Esperamos que hayas disfrutado de este libro tanto como nosotros al diseñarlo. Nos esforzamos por crear libros de la máxima calidad posible.
Esta edición está diseñada para proporcionar un aprendizaje inteligente, de calidad y divertido!

¿Te ha gustado este libro?

Una Petición Sencilla

Estos libros existen gracias a las reseñas que se publican.
¿Podrías ayudarnos dejando una reseña ahora?
Aquí tienes un breve enlace a la página de reseñas

BestBooksActivity.com/Opiniones50

¡DESAFÍO FINAL!

Reto n°1

¿Estás listo para tu juego gratis? Los utilizamos siempre, pero no son tan fáciles de encontrar. ¡Aquí están los **Sinónimos**!

Escribe 5 palabras que hayas encontrado en los rompecabezas (#21, #36, #76) y trata de encontrar 2 sinónimos para cada palabra.

Escriba 5 palabras del **Puzzle 21**

Palabras	Sinónimo 1	Sinónimo 2

Escriba 5 palabras del **Puzzle 36**

Palabras	Sinónimo 1	Sinónimo 2

Escriba 5 palabras del **Puzzle 76**

Palabras	Sinónimo 1	Sinónimo 2

Reto n°2

Ahora que te has calentado, escribe 5 palabras que hayas encontrado en los Puzzles 9, 17 y 25 e intenta encontrar 2 antónimos para cada palabra. ¿Cuántos puedes encontrar en 20 minutos?

Escriba 5 palabras del **Puzzle 9**

Palabras	Antónimo 1	Antónimo 2

Escriba 5 palabras del **Puzzle 17**

Palabras	Antónimo 1	Antónimo 2

Escriba 5 palabras del **Puzzle 25**

Palabras	Antónimo 1	Antónimo 2

Reto n°3

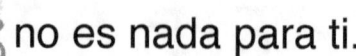

¡Genial! Este desafío final no es nada para ti.

¿Preparado para el reto final? Elige 10 palabras que hayas descubierto en los diferentes rompecabezas y escríbelas a continuación.

1.	6.
2.	7.
3.	8.
4.	9.
5.	10.

Ahora escribe un texto pensando en una persona, un animal o un lugar que te guste.

Puedes usar la última página de este libro como borrador.

Tu Composición:

_____

_____

_____

_____

_____

_____

_____

CUADERNO DE NOTAS :

HASTA PRONTO !

Todo el Equipo